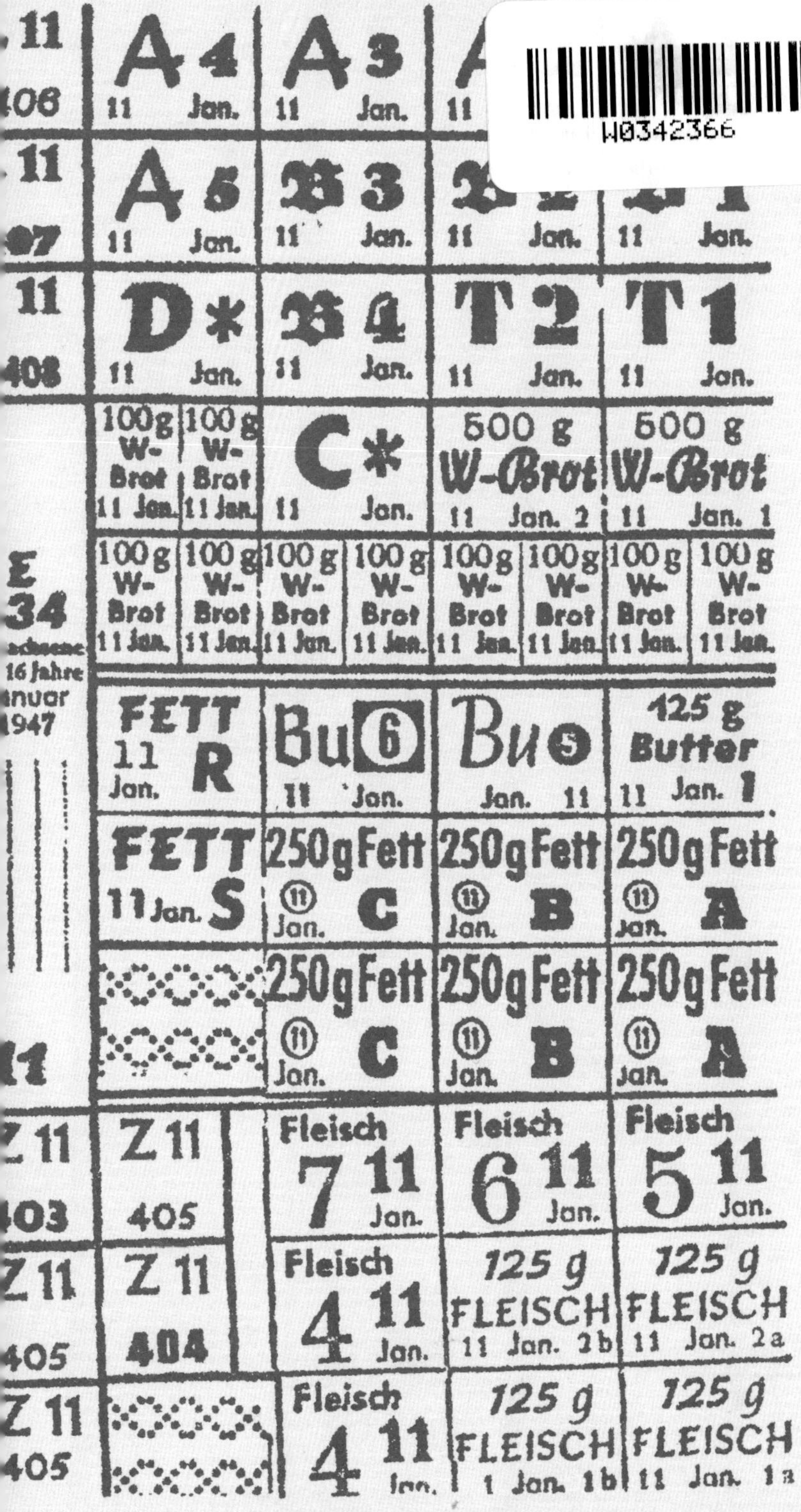

11 406 | A 4 11 Jan. | A 3 11 Jan. | A 11

11 407 | A 5 11 Jan. | B 3 11 Jan. | B 2 11 Jan. | B 1 11 Jan.

11 408 | D* 11 Jan. | B 4 11 Jan. | T 2 11 Jan. | T 1 11 Jan.

100 g W-Brot 11 Jan. | 100 g W-Brot 11 Jan. | C* 11 Jan. | 500 g W-Brot 11 Jan. 2 | 500 g W-Brot 11 Jan. 1

E 34 | 100 g W-Brot 11 Jan. | 100 g W-Brot 11 Jan. | 100 g W-Brot 11 Jan. | 100 g W-Brot 11 Jan. | 100 g W-Brot 11 Jan. | 100 g W-Brot 11 Jan. | 100 g W-Brot 11 Jan. | 100 g W-Brot 11 Jan.

…achsene …16 Jahre …nuar …1947

FETT 11 Jan. R | Bu 6 11 Jan. | Bu 5 Jan. 11 | 125 g Butter 11 Jan. 1

FETT 11 Jan. S | 250 g Fett 11 Jan. C | 250 g Fett 11 Jan. B | 250 g Fett 11 Jan. A

11 | 250 g Fett 11 Jan. C | 250 g Fett 11 Jan. B | 250 g Fett 11 Jan. A

Z 11 403 | Z 11 405 | Fleisch 7 11 Jan. | Fleisch 6 11 Jan. | Fleisch 5 11 Jan.

Z 11 405 | Z 11 404 | Fleisch 4 11 Jan. | 125 g FLEISCH 11 Jan. 2b | 125 g FLEISCH 11 Jan. 2a

Z 11 405 | Fleisch 4 11 Jan. | 125 g FLEISCH 1 Jan. 1b | 125 g FLEISCH 11 Jan. 1a

Alexander Häusser

Gordian Maugg

Hungerwinter

Alexander Häusser
Gordian Maugg

Hungerwinter

Deutschlands
humanitäre
Katastrophe
1946/47

Propyläen

Begleitbuch zum ARD-Doku-Drama »Hungerwinter« © 2009 – Eine Produktion der LE VISION Film- und Fernsehproduktion GmbH in Koproduktion mit NDR und WDR, gefördert aus Mitteln der Medienförderung (MDM) und der nordmedia – Die Mediengesellschaft Niedersachsen/ Bremen mbH, entwickelt mit Unterstützung des Media-Programms der EU. Lizenz durch TELEPOOL GmbH.

Propyläen ist ein Verlag der Ullstein Buchverlage GmbH
www.propylaeen-verlag.de

ISBN: 978-3-549-07364-3

Lektorat: Antonia Meiners
Gesetzt aus der Sabon PostScript
Satz: hanseatenSatz-bremen, Bremen
Druck und Bindung: GGP Media GmbH, Pößneck
Printed in Germany

Inhalt

Vorwort

> Wenn das alles in Vergessenheit gerät, wären alle umsonst gestorben.
>
> *Wilma Arnold*

»Was ich nie vergessen werde – im Krieg wurden die Küchenabfälle in einer Extra-Tonne rausgestellt, die dann ein Fahrzeug des Winterhilfswerks leerte. Die Tonnen standen an der Straße. Einmal beobachtete ich, wie eine Gruppe gefangener Russen durch die Straße getrieben wurde. Es waren armselig zerlumpte Gestalten, aber für mich waren es schlechte Menschen – so war ja die Propaganda, ich war ja ein Kind. Einer dieser russischen Gefangenen sah so eine Mülltonne, brach aus der Reihe aus und stürzte sich auf die Kartoffelschalen, um sie in den Mund zu stopfen. Ein Wächter prügelte ihn mit dem Gewehrkolben in die Reihe zurück. Ich starrte auf die Szene und dachte nur – ›... wie hungrig muss der sein, dass er die Schläge mit dem Kolben für die Abfälle in Kauf nimmt‹. Später im Hungerwinter habe ich den Russen verstanden.« Walter Neuber war elf Jahre alt, als er diese Szene beobachtete. Über siebzig Jahre später hat er uns davon erzählt. Die Straße, die russischen Gefangenen noch immer vor Augen, den Ruf des Wächters noch immer im Ohr.

»Was ich nie vergessen werde« – so begannen viele Gespräche, die wir im Laufe unserer Arbeit zu Film und Buch über den »Hungerwinter« 1946/47 geführt haben. Gespräche mit Frauen und Männern, die sich bundesweit auf Zeitungsanzeigen und Berichte im Rundfunk als »Zeitzeugen« gemeldet hatten, um von ihren Erfahrungen und Erlebnissen in dieser Zeit zu erzählen.

Was für uns als interessante Arbeit begonnen hatte, wurde schnell zu einer sehr persönlichen Angelegenheit. Die Berichte von Hunger, Kälte, Tod und Hoffnung, die Geschichten vom Überlebenskampf in einem der kältesten Winter seit Menschengedenken – es sind berührende Schicksale von Kindern und Jugendlichen, erzählt von heute Siebzig- bis Neunzigjährigen. Sie sprachen zu uns mit alten Stimmen, blickten mit den Erfahrungen eines langen Lebens auf die damaligen Ereignisse zurück, aber noch immer mit den Augen von Kindern und jungen Menschen. Alle hatten viel zu früh erwachsen werden müssen, viele hatten das Vertrauen in die Menschen verloren, manche aber auch in der Not Liebe und Solidarität in einem Maße erfahren, wie wir sie selbst, die Autoren dieses Buches, wohl nie erleben würden. Für uns, die wir in Friedenszeiten aufgewachsen sind, ohne materielle Not und Mangel, eröffneten sich die Lebenswelten von Menschen, denen die Kindheit und vielleicht besten Jahre ihres Lebens gestohlen worden waren.

So mancher unserer Zeitzeugen sprach zum ersten Mal über die Vergangenheit. Jahrzehntelang hatten sie geschwiegen, nicht einmal den eigenen Kindern von ihren oft traumatischen Erfahrungen erzählt. Martin Schneider aus Lübbenau sagte uns in einem Gespräch, er sei froh gewesen, dass keiner seiner inzwischen drei erwachsenen Söhne je nach seiner Kindheit gefragt hat – er habe sich dann nicht erinnern müssen. Jetzt im Alter aber wollte er sich die Erlebnisse von damals von der Seele reden, vielleicht helfe es ja.

So sind die Zeugnisse, die Martin Schneider und all die anderen für dieses Buch abgelegt haben, auch Dokumente für das Ende einer langen Sprachlosigkeit. Einer Sprachlosigkeit, die damals begann und sich ein ganzes Leben lang fortsetzte. Schweigen macht alles noch schlimmer, hieß es rückblickend in vielen unserer Gespräche: »Zum Hunger und der Kälte kam, dass man nicht darüber sprach«; nicht sprach über den oft so hoffnungslos erscheinenden täglichen Überlebenskampf, über die Machtlosigkeit, mit ansehen zu müssen, wie engste Familienangehörige – geschwächt, ausgezehrt – erfroren und verhungerten.

Mit derselben Sprachlosigkeit reagieren wir heute, wenn wir von obdachlosen Menschen hören, die Winternächte nicht überlebt haben, die erfroren aufgefunden wurden – im Park oder auf der Straße. Wie kann das in unserer Gesellschaft möglich sein? Doch die Frage und der stille Schrecken eines solchen Todes werden verdrängt.

Der Erfrierungstod ist jämmerlich. Die Körpertemperatur sinkt auf unter 15 Grad ab, der Körper fällt in Stadien der Bewusstlosigkeit, der Muskel- und Gelenkstarre, einer Totenstarre gleich. Bis die fortschreitende Abkühlung der Herzmuskulatur schließlich zum Herzstillstand führt. Aber die Menschen im Winter 1946/47 starben weniger im Freien, die meisten starben in ihren Betten, in den ungeheizten Behausungen und Zimmern. Die oft von Hungerödemen, von Gewebswassersucht infolge chronischer Unterernährung und Eiweißmangel aufgeblähten Körper hatten den eisigen Temperaturen von bis zu minus 20 Grad nichts entgegenzusetzen.

Der Winter 1946/47 war eine humanitäre Katastrophe. Historiker schätzen, dass allein in Deutschland mehrere hunderttausend Menschen an den Folgen von Hunger und Kälte starben. Genaue Zahlen gibt es nicht. Das Zusammenspiel beider Faktoren ist den ärztlich ausgestellten Totenscheinen meist nicht zu entnehmen, und diese fatale Verbindung aufzuzeigen, lag – so darf vermutet werden – auch nicht im Interesse der Verantwortlichen. Davon wird ebenfalls in diesem Buch die Rede sein. Gezeigt werden soll deshalb auch, dass die Katastrophe absehbar war, dass auf mahnende Stimmen nicht gehört und viel zu spät reagiert wurde.

Dass es ein strenger Winter werden könnte, kündigte sich bereits früh an. Auf den kühlen Oktober folgte schon im November mancherorts der erste Frost. Die erste im Dezember 1946 einsetzende Kältewelle ließ die Temperaturen dann bis unter minus 15 Grad fallen. In Folge überrollten zwei weitere an Intensität noch zunehmende Frostperioden bis Anfang März 1947 Deutschland.

Doch nicht allein in Deutschland herrschten arktische Temperaturen. Auch von London bis Rom, von Amsterdam bis Nizza wurden Tiefstwerte bis minus 28 Grad gemessen. Kälte und Hunger forderten in *ganz* Europa zahllose Opfer. Denn überall hatte der Krieg seine verheerenden Spuren hinterlassen; auch in den europäischen Nachbarländern waren die Menschen deshalb nicht in der Lage, den Unbilden eines solch strengen Winters zu begegnen. Wenn also in diesem Buch das Leid der Deutschen im Mittelpunkt steht, soll dabei aber nicht vergessen werden, dass es der von der deutschen Bevölkerung unterstützte Nationalsozialismus war, der Tod und Verderben über ganz Europa gebracht hatte. Auch den befragten Zeitzeugen ist dies durchaus bewusst – trotz des Gefühls als Kinder und Jugendliche Opfer eines unmenschlichen, verbrecherischen Systems geworden zu sein, das sie nicht zu verantworten hatten. So prägten sich Günther Kammeyer aus Hamburg die Worte seiner Mutter ein, wenn die Familie verzweifelt vor der verschlossenen Speisekammer stand: »Kinder, denkt dran: Die Deutschen haben sich das selbst eingebrockt, wir haben den Krieg angefangen, wir müssen das jetzt sozusagen ausbaden, wir müssen das aushalten, wir sind die Schuldigen und wir haben viele, viele Menschen ins Unglück gestoßen, und das ist jetzt sozusagen die Quittung.«

Die Geschichte des Hungerwinters setzt weit vor den Wintermonaten 1946/47 ein, die Darstellung musste somit einen zeitlichen Bogen vom Kriegsende 1945 bis März 1947 spannen. Er reicht von der Aufteilung Deutschlands in vier Besatzungszonen durch die alliierten Siegermächte USA, Großbritannien, Frankreich und Sowjetunion über die beginnenden Spannungen innerhalb der Allianz bis hin zum vollzogenen Bruch des Bündnisses, der die Teilung Deutschlands in zwei Staaten besiegelte. Und so wird die Geschichte des »Hungerwinters« auch zum Diskurs über die Entstehung zweier Machtblöcke, die sich in der Weltpolitik jahrzehntelang unversöhnlich gegenüberstehen werden.

Viele Aspekte konnten dabei sicherlich nicht gebührend berücksichtigt werden. Dafür bitten wir um Verständnis. Kriterien für die thematische Gewichtung waren für uns immer die Lebenswelten unserer Gesprächspartner.

Neben detaillierten Schilderungen der Zeitzeugen sind es oft nur kleine Bruchstücke gewesen, die beim Erinnern zutage traten – eindrückliche Erlebnisse, manchmal auch scheinbare Nebensächlichkeiten, die aber in ihrer Aussagekraft und Bildlichkeit auf das Ganze verweisen. Wir haben versucht, auch solche Splitter einzufügen in den großen Zusammenhang – in der Hoffnung, im Miteinander aus geschichtlichen Quellen und historischen Darstellungen dieses Ganze herzustellen.

Uns ist bewusst, dass mündlich erfragte Geschichte immer ein Risiko der Ungenauigkeit, der Fehlerhaftigkeit birgt. Erinnerung ist immer Rekonstruktion und nachträglich interpretiertes Erleben. So weit wie möglich waren wir bemüht, dieses Risiko durch Recherche und Gegenprüfung zu minimieren. Das Spannungsfeld jedoch zwischen historischer und persönlicher Wahrheit bleibt.

Dieses Buch ist Lotte Szelski, Inge Kotsch (†), Edith Eints, Martin Schneider, Wilhelm Müller, Günther Kammeyer und allen anderen Menschen gewidmet, mit denen wir sprachen und die uns vertrauten; es ist allen Unbekannten gewidmet, die nicht zu Wort kamen – und all jenen, bei denen wir zu spät nachfragten und die nun keine Stimme mehr haben; allen Lebenden und Toten.

Alexander Häusser und Gordian Maugg

Hamburg/Berlin, im Oktober 2009

Wettermeldungen Oktober 1946 - März 1947

9. Oktober 1946

Durch die andauernde Kaltluftzufuhr aus Nordosten ist bei nächtlichem Aufklaren stellenweise mit leichtem Frost zu rechnen.

24. Oktober 1946

Während arktische Kaltluftmassen ganz Mitteleuropa überfluten, verlagert sich das norddeutsche Hoch mit seinem Kerngebiet nach Norddeutschland. In seinem Bereich bleibt zunächst heiteres Wetter mit Nachtfrösten erhalten. Tageshöchsttemperaturen: 5 bis 6 Grad, Tiefsttemperaturen: minus 4 Grad.

7. November 1946

Das umfangreiche Hochdruckgebiet, dessen Kern sich von Polen nach Schottland erstreckt, bleibt auch in den nächsten Tagen wetterbestimmend. An seiner Südseite hat ein neuer Schwall festländischer Kaltluft aus Inner-Russland Deutschland überflutet. Tageshöchsttemperaturen: 2 bis 3 Grad, Tiefsttemperaturen: minus 2 bis 3 Grad.

30. November 1946

Die Kaltluft strömt mit Bodengeschwindigkeiten von mehr als 75 km/h ostwärts. In 5000 Meter Höhe wurde ein Weststurm von 250 km/h festgestellt. Lebhafte Regen-, Schnee-

und Graupelschauer kennzeichnen die Wetterlage. Eine Ausbildung kalter Festlandsluft in Mittelrussland könnte in absehbarer Zeit unserem Bereich gefährlich werden.

13. Dezember 1946

In der vergangenen Nacht sind die Temperaturen meist unter minus 10 Grad, im Gebiet Hannover-Braunschweig sogar bis auf minus 18 Grad abgesunken. Das Gebiet Hamburg hatte Nachtfrost bis zu minus 12 Grad.

14. Dezember 1946

Da die Zufuhr noch kälterer Luft aus dem Osten anhält, ist weitere Frostverschärfung zu erwarten. Tageshöchsttemperaturen: minus 8 bis minus 5 Grad, Tiefsttemperaturen: minus 10 Grad.

24. Dezember 1946

In Bodennähe erhält sich eine zähe, verhältnismäßig flache Kaltluftschicht, die bei schwachen Winden aus Süd bis Südost aus kälteren Gebieten laufend ergänzt wird. Tageshöchsttemperaturen: minus 5 Grad, Tiefsttemperaturen: minus 10 Grad.

8. Januar 1947

In Nordwestdeutschland sanken auch in der vergangenen Nacht die Temperaturen wieder auf 14 bis 17, im weiteren Binnenland zum Teil auf 18 bis 20 Grad unter dem Gefrierpunkt.

14. Januar 1947
In ganz Deutschland hat sich Tauwetter durchgesetzt. Tageshöchsttemperaturen: 0 Grad, Tiefsttemperaturen: minus 2 Grad.

17. Januar 1947
Auf der West- und Südseite des über Norwegen entstandenen Tiefdruckgebietes werden wieder etwas kältere Luftmassen nach Deutschland gelenkt. Tageshöchsttemperaturen: 0 Grad, Tiefsttemperaturen: minus 5 Grad.

24. Januar 1947
Bei anhaltender Kaltluftzufuhr aus Nordosteuropa sind über der frischen Schneedecke in Aufklarungsgebieten strenge Nachtfröste zu erwarten.

1. Februar 1947
Bei vielfach wolkenlosem Himmel treten nachts und morgens stärkere Strahlungsfröste auf. Tageshöchsttemperaturen: minus 10 bis 5 Grad, Tiefsttemperaturen: minus 15 Grad.

12. Februar 1947
Nach starken Nachtfrösten auch in den nächsten Tagen noch keine wesentliche Änderung.

28. Februar 1947
Ein ausgedehntes Tiefdrucksystem über Südwesteuropa dehnt seinen Einfluss nordostwärts aus. Gestern Nachmit-

tag wurde zum ersten Mal seit dem 20. Januar, also nach 38 Tagen, der Nullpunkt wieder erreicht.

7. März 1947

In Süddeutschland steigen die Temperaturen bis auf 14 Grad, in Norddeutschland jedoch besteht das Frostwetter weiter. Nachts fallen die Temperaturen bis auf minus 5 Grad.

19. März 1947

Das alte, ostatlantische Zentraltief zieht langsam gegen die britischen Inseln. Auf seiner Südseite strömt Meeresluft nach Mitteleuropa und wird uns mildes Wetter bringen.

Quellen:
Deutsches Meteorologisches Jahrbuch 1946, Hamburg. Tägliche Wetterberichte, Täglicher Wetterbericht des meteorologischen Amtes für Nordwestdeutschland sowie Wettermeldungen im »Berliner Tagesspiegel«

1. KAPITEL

Deutschland nach dem Krieg

> Meine Mutter legte mir für die Nacht einen Schlafanzug aufs Bett. Ich sah sie entgeistert an. »Was soll ich damit?« – »Anziehen!« sagte sie. »Und wenn Alarm ist?« – »Es gibt keinen Alarm mehr. Der Krieg ist vorbei.« – Ich konnte es erst gar nicht fassen: keine nächtlichen Bombenangriffe mehr, keine Bunker! – Meine Mutter hängte eine weiße Fahne aus dem Fenster. Ich war zu stolz dazu. Schließlich ließ ich mich überreden: aber nur zu einem weißen Taschentuch.
>
> *Walter Neuber*

Der am 1. September 1939 vom nationalsozialistischen Deutschland entfachte Zweite Weltkrieg hatte nach sechs Kriegsjahren am 8. Mai 1945 geendet. An diesem Tag unterzeichneten in Berlin-Karlshorst Vertreter der deutschen Wehrmacht die bedingungslose Kapitulation aller unter deutschem Befehl stehenden Streitkräfte zu Lande, zu Wasser und in der Luft. Mit der Verhaftung von Großadmiral Karl Dönitz, den Hitler in seinem Testament zu seinem Nachfolger bestimmt hatte, war das Deutsche Reich ab dem 23. Mai ohne Führung. Die Siegermächte übernahmen kollektiv die oberste Regierungsgewalt in Deutschland und teilten es in Besatzungszonen auf:

– in eine östliche im sowjetischen Zuständigkeitsbereich,

– eine nordwestliche (später Schleswig-Holstein, Niedersachsen, Nordrhein-Westfalen, Hamburg) unter britischer Kontrolle, wobei Bremen eine Ausnahme bildete und amerikanischer Verwaltung unterstand,

– eine südwestliche (Bayern, Hessen, Nordwürttemberg, Nordbaden), die zunächst ganz der amerikanischen Militärhoheit unterstehen sollte, von der aber noch im Sommer 1945 die Territorien der späteren Bundesländer Rheinland-Pfalz und Saarland sowie Teile Württembergs und Badens als französische Zone abgetrennt wurden.

– Berlin als ehemalige Reichshauptstadt wurde in vier Sektoren unterteilt.

Das Leben der deutschen Bevölkerung in den Besatzungszonen verlief unter strenger Kontrolle der Alliierten, denn wie es in der Direktive für die Offiziere der US-Besatzungsmacht hieß, wurde Deutschland »nicht besetzt zum Zwecke seiner Befreiung, sondern als besiegter Feindstaat [...]. Bei der Durchführung der Besetzung und Verwaltung müssen Sie gerecht, aber fest und unnahbar sein.«[1] Gleich nach Kriegsende herrschten Ausgangssperren von 21 Uhr bis morgens um sechs. Beschlagnahmungen von Wohnraum, Fahrzeugen oder Gebrauchsgegenständen waren an der Tagesordnung. Politische Betätigung blieb zunächst verboten, bis demokratische Parteien von den Militärregierungen nach und nach wieder zugelassen wurden.

Die deutschen Verwaltungen arbeiteten auf kommunaler Ebene weiter, wobei Landräte und Bürgermeister entsprechend den Entnazifizierungsvorgaben politisch unbelastet zu sein hatten. Die Spreu vom Weizen zu trennen und gleichzeitig funktionierende Verwaltungen zu etablieren stellte sich allerdings als schier unlösbare Aufgabe heraus. Mehr als 95 Prozent der Juristen waren Mitglieder der NSDAP gewesen und hatten vorläufig Berufsverbot. Dies galt wenigstens bis zum Abschluss des allgemeinen Entnazifizierungsverfahrens, dem sich praktisch jeder Deutsche, der älter als zwölf Jahre war, unterziehen musste. Die rasche Bearbeitung dieser Millionen von Fragebögen war eine immense verwaltungstechnische Herausforderung, da sie mit unzureichendem Personal durchgeführt, überwacht und bewältigt werden musste – alle Beamten des ehemaligen Deutschen Reiches mussten ja selbst auf ihren politischen Hintergrund überprüft werden.[2]

Zahlreiche Verwaltungsposten mussten daher neu besetzt werden, wofür von Zone zu Zone und auch von Ort zu Ort unterschiedliche Kriterien galten. Fachkenntnisse in verwaltungstechnischen Angelegenheiten waren die eine Seite, politische Überzeugungen die andere. Vielfach – in der sowjetischen Besatzungszone (SBZ) fast überall – wurden Schlüsselstellen deshalb mit Verfolgten des »Dritten Reiches« besetzt. Galten die oft aus jahrelanger NS-Haft befreiten Sozialdemokraten und Kommunisten auch als Garanten gegen die Gefahr eines wiederkehrenden Nationalsozialismus, so zeigte sich in vielen Fällen doch bald, dass guter Wille allein für die Bewältigung der mannigfaltigen Verwaltungsaufgaben nicht ausreichte. Darüber hinaus fehlte es allerorten an Büromaterial und Behördenformularen. So mussten zum Beispiel Hakenkreuze auf Briefbögen geschwärzt oder aus Stempeln und Dienstsiegeln entfernt werden. Neue Personalausweise hatten unterschiedlichstes Aussehen, denn die viersprachigen Vordrucke der Alliierten reichten für die Vielzahl der Antragsteller bei weitem nicht aus. Zudem waren viele amtliche Unterlagen im und nach dem Krieg verbrannt oder verloren gegangen; auch herrschte Ungewissheit über den Verbleib unzähliger Wehrmachtssoldaten und Zivilisten. Dieser Zustand, dieser allgemeine Zwang zur Improvisation, erschwerte den Aufbau einer funktionierenden Verwaltung erheblich und ermöglichte es schließlich zahlreichen Tätern des nationalsozialistischen Regimes, ihre Identität zu wechseln und sich so der Bestrafung zu entziehen.

Ein Land in Trümmern

Am 5. Juni 1945 hatten die vier Oberbefehlshaber der Alliierten die gemeinsame Regierungsgewalt über die einstige Reichshauptstadt Berlin verkündet. Lucius D. Clay, seit der deutschen Kapitulation stellvertretender Militärgouverneur der amerikanischen Besatzungszone, kam nun zum ersten Mal in die Stadt. Wohin er blickte, sah er Verwüstung: »Die Straßen waren voll von Trümmern, an vielen Stellen ließen sie zwischen hoch getürmten Schutthaufen nur einen engen Durchlass in eine Richtung. Wegen der zerstörten Brücken und Überführungen mussten häufig Umwege gemacht werden. [...] Die Deutschen schienen schwach und eingeschüchtert zu sein und sich vom Schock der Schlacht um

Berlin noch immer nicht erholt zu haben. Wie eine Stadt der Toten lag Berlin da.«[3]

Berlin war verwüstet durch Häuserkampf und Bombenkrieg. Die U-Bahnen standen unter Wasser, Brücken und Gleisanlagen waren fast völlig zerstört. Es fehlte an Trinkwasser, Strom, Gas. Zehntausende von Flüchtlingen strömten jeden Tag in die Stadt, suchten Schutz, der längst nicht mehr zu finden war, brauchten ärztliche Versorgung, Nahrung. Als die ersten Züge wieder fuhren, versuchten die Menschen, irgendetwas Essbares außerhalb der Stadt zu finden, denn in Berlin gab es nichts mehr.

Viele Kinder waren Waisen oder aus verschiedenen Gründen auf sich gestellt. Der damals zehnjährige Martin Schneider musste sich mit seiner zwei Jahre jüngeren Schwester allein durchschlagen. Die Mutter lag, von russischen Soldaten mehrfach vergewaltigt, im Krankenhaus. Beide Kinder streiften durch die verwüsteten Straßen, immer auf der Suche nach Nahrung: »Da lagen die Leichen, da lag die Butter, da lagen die Reste vom Brot. Und das haben wir uns rausgeklaubt. Wir haben auch nicht darüber nachgedacht, dass dort Leichen waren – uns ging's bloß ums Überleben.«

Mehr als 50 Prozent des Wohnraums in den deutschen Städten waren zerstört,[4] skelettiert durch die Bomben der Alliierten. Hamburg, Dresden, Köln ... überall türmten sich Berge von Schutt, standen zerbombte, zusammengeschossene Häuser, wo einmal Familien gelebt hatten. Wer, vor den Bomben geflohen, nach Kriegsende wieder zurückkehrte, kam in entseelte Geisterstädte. Wie die siebzehnjährige Hannelore Hahn, die in einem der wenigen betriebsfähigen Züge im Juni 1945 in Köln einfuhr. In dem überfüllten Waggon versuchte sie, fast erdrückt von Menschenleibern, aus dem Fenster zu blicken: »Auf dem Dach saßen Leute, hingen draußen an der Tür, allein im Klo standen fünf – wenn man da mal musste, ging es halt nicht anders. Als wir dann die Türme des Doms sahen, da sangen die Leute schluchzend ›In Köln am Rhein bin ich geboren …‹ Ich bekomme heute noch eine Gänsehaut, wenn ich daran denke.« In den Trümmern Kölns lebten nur noch 40 000 Menschen; als der Krieg begonnen hatte, waren es 750 000 gewesen.

Der Absturz der Deutschen war immens. Das Volk, das durch propagandistische Verblendung in Allmachtsphantasien geschwelgt und als Adolf Hitlers Herrenrasse mit erbarmungsloser Härte Unheil in die Welt getragen hatte, stand wieder am Beginn des Zivilisationsprozesses; musste sich in Löcher verkriechen, biwakierte im Freien, kochte auf primitiven Feuerstellen und holte sich das Wasser mit Eimern und Blechnäpfen aus den wenigen noch funktionierenden Pumpen. Der »totale Krieg«, der von Deutschland ausgegangen war, hatte das eigene Land zerstört, den Lebensnerv gelähmt, die Seelen zerrüttet. Depression und Apathie überkamen die Menschen, die auf den »Endsieg« gehofft und nun alles verloren hatten – selbst jene, die der NS-Diktatur kritisch gegenübergestanden hatten.

Günther Kammeyer, Jahrgang 1936, wuchs in einem sozialdemokratisch geprägten Elternhaus in Hamburg-Fuhlsbüttel auf. »Das wird viele überraschen: Wir haben nicht gejubelt – wir haben uns auch nicht befreit gefühlt«, berichtet er. Beim ersten Sichtkontakt mit den Besatzern, den sogenannten Tommies, die sich plötzlich mit ihren Panzern vor dem Haus der Kammeyers aufgebaut hatten, wurden er und seine acht Geschwister von der Mutter ins Bett geschickt: »Mutter hat uns dann unter Tränen mitgeteilt, dass wir kapitulieren mussten, der Krieg verloren war. Und unsere Mutter weinen zu sehen war für uns völlig ungewohnt, denn sie war ja an und für sich ein unverbesserlicher Optimist – unwillkürlich weinten wir dann alle: Wir hatten den Krieg verloren! Trotz der furchtbaren Erlebnisse, der Bombenangriffe, der Angst. Das war alles nicht so schlimm gewesen, wie den Krieg zu verlieren; das haben wir damals als sehr traurig empfunden.«

Auch Claus Möller, 1928 geboren und als fünfzehnjähriger Flakhelfer an die Ostfront gekommen, empfand diese Niedergeschlagenheit. Körperlich sehr geschwächt, kehrte er siebzehnjährig aus englischer Gefangenschaft zurück. Ein englischer Soldat hatte ihn auf seinem beschwerlichen Weg an der Landstraße aufgelesen und im Lkw in seinen Heimatort Horneburg gefahren; nicht ohne ihm vorher freundlich die Hand geschüttelt und zum Ende des Krieges gratuliert zu haben. Endlich komme er nach Hause, er selbst habe als Soldat schon seit Jahren keinen Urlaub mehr gehabt. »Er freute sich für mich! Bis vor die Tür fuhr er mich und hupte wie verrückt. Er hat gewartet, bis meine Familie die Köpfe aus den Fenstern streckte, um nachzusehen. Meine Schwester Bärbel, ihre Kinder, meine Schwester Gertrud, alle kamen dann aus dem Haus gestürmt. Sogar die Begrüßung auf der Straße hat der nette Soldat abgewartet und sich richtig daran gefreut! Dann brauste er hupend davon.« Doch Claus konnte die Freude des ehemaligen Feindes nicht teilen – die Erlebnisse ließen ihn nicht los. »In den Nächten war für mich immer noch Krieg, ich träumte von meinem verschollenen Freund – wo er wohl steckte, ob er überhaupt noch lebte? Ich schreckte nachts schweißnass auf. Durch den Kummer und Frust war mein Selbstbewusstsein beschädigt. Mich quälte das unklare Gefühl, irgendwie versagt zu haben. Was hatte ich alles durchgestanden, Opfer gebracht, mein Leben eingesetzt – aber wofür? Alles umsonst! Wir hatten verloren, so hat man das damals wahrgenommen, wir hatten verloren! So wie mir und noch erheblich schlimmer war es ja allen ergangen – aber niemand redete darüber!«

Gerade für die junge Generation, die der nationalsozialistischen Ideologie in besonderem Maße verfallen und dafür in den Krieg gezogen war, bedeutete die Niederlage ein einschneidendes Erlebnis. Sie stand nicht nur vor den Trümmern der Städte, sondern vor den Trümmern ihrer Weltanschauung. Die eigene verzweifelte Lage, die bodenlose Enttäuschung und das Gefühl des Versagthabens, der ganz persönlichen Schuld vor Augen, ließ die meisten Deutschen verstummen. Sie verstummten angesichts der Apokalypse, die Deutschland in Europa entfesselt hatte: Allein 25 Millionen Tote hatte die Sowjetunion zu beklagen, 6 Millionen Juden waren ermordet worden.

Die Bilder, die von den befreiten Konzentrationslagern um die Welt gingen, ließen keinen Zweifel mehr an der Unmenschlichkeit, ja Barbarei des nationalsozialistischen Regimes und seiner Handlanger. Die Dokumentarfilme über die Lager Dachau, Buchenwald und Bergen-Belsen wurden in allen deutschen Städten vorgeführt, und jeder Erwachsene war von den Besatzern aufgefordert worden, sich diese Bilder des Schreckens anzusehen. Wer bis zu diesem Zeitpunkt vor den Gräueln noch die Augen verschlossen hatte – jetzt wurden sie ihm geöffnet.

Vielfach war von der Kollektivschuld der Deutschen die Rede. Von einer Schuld, größer als je zuvor in der Geschichte eines Volkes. Es werde von der Haltung der Deutschen selbst abhängen, so formulierten es die Europäischen Sozialistischen Parteien in London bereits im März 1945, ob sie jemals wieder in den Kreis der zivilisierten Völker aufgenommen würden.

Die Potsdamer Konferenz

Das Hauptziel der Alliierten war es 1945, Deutschland daran zu hindern, jemals wieder eine Bedrohung des Weltfriedens zu sein. Wie es in den Anweisungen an die US-Besatzungstruppen in Deutschland vom 10. Mai 1945 hieß, sollten zunächst lediglich Maßnahmen ergriffen werden, die zur Vermeidung von Hungersnöten, der Ausbreitung von Krankheiten und ziviler Unruhen, die die Besatzungsstreitkräfte gefährden könnten, nötig seien.[5] Nichts sollte vorerst unternommen werden, um den Mindestlebensstandard der Deutschen zu erhöhen. Vordringlich seien die Versorgung der alliierten Streitkräfte, der verschleppten Personen und der befreiten Kriegsgefangenen sowie die Reparationsanforderungen der Sieger.[6]

Der sogenannte Morgenthau-Plan aus dem Jahre 1944 hatte sogar die völlige Vernichtung der deutschen Industrie vorgesehen. Das Ruhrgebiet als das »Herz der industriellen Macht« sollte nicht nur von allen dort bestehenden Industrien entblößt, sondern so geschwächt und kontrolliert werden, dass es in absehbarer Zeit überhaupt nicht mehr als industrielle Basis genutzt werden könne. Alle Industrieanlagen sollten vollständig demontiert und als Restitution für die Alliierten abtransportiert, alle Kohlegrubenausrüstungen entfernt und die Zechen geschlossen werden.[7]

Für den US-Staatssekretär Henry Morgenthau waren die Deutschen geradezu die Inkarnation des Bösen. Er hatte die staatliche Zerstückelung und Rückverwandlung Deutschlands in einen Agrarstaat gefordert. Den Hungertod Millionen Deutscher wollte er dafür in Kauf nehmen[8] – ein Plan allerdings, der von US-Präsident Franklin D. Roosevelt und von allen alliierten Befehlshabern zurückgewiesen wurde.

Konstruktiver – das tatsächliche Ausmaß der Zerstörung in Deutschland vor Augen – zeigte sich das Abkommen der Potsdamer Konferenz im Sommer 1945. Das Zusammentreffen von US-Präsident Harry S. Truman, Generalissimus Josef W. Stalin sowie dem britischen Premierminister Winston Churchill – nach den Wahlen in Großbritannien dessen Nachfolger Clement Attlee – im Potsdamer Schloss Cecilienhof stand unter ganz anderen Vorzeichen als die Konferenzen in Teheran und Jalta. Die Vermittlerrolle, die Franklin D. Roosevelt dort gespielt hatte, wollte sein Nachfolger Truman nicht einnehmen. Er glaubte an Stärke, nicht an Kompromisse. Längst hatten die Westalliierten nicht mehr das Ziel, das Deutsche Reich in einen Scherbenhaufen aus Kleinstaaten zu zerschlagen. Besetzen wollten sie es und seine Bewohner erziehen. Ihr Argwohn richtete sich jetzt schon weniger gegen das Volk und dessen Führer, die 55 Millionen Tote auf dem Gewissen hatten, sondern vielmehr gegen den russischen Verbündeten.

Am 17. Juli kamen die Großen Drei in Potsdam zusammen. Noch bevor Truman die Verhandlungspartner am runden Tisch begrüßte, rügte er die Russen; sie seien dabei, in ganz Osteuropa Satellitenstaaten zu errichten und so die Stabilität des Kontinents zu gefährden. Truman fürchtete, dass die Parteigänger der Sowjetunion nach und nach auch in Westeuropa Fuß fassen könnten.

Bei dem Treffen in Jalta hatte man vereinbart, den »von der Herrschaft des nazistischen Deutschlands befreiten Völkern« zu helfen, »alle demokratischen Kräfte der Bevölkerung« am Neuaufbau zu beteiligen, »die letzten Spuren des Nazismus und Faschismus zu beseitigen« und »so schnell wie möglich auf dem Wege freier Wahlen Regierungen zu schaffen, die dem Willen des Volkes entsprechen«. Doch was sind demokratische Kräfte? Wo verbergen sich die Spuren des Nazismus? Was ist der Wille des Volkes? Die Sowjets – getrieben von der Angst vor einem erneuten, wie auch immer gearteten Überfall aus westlicher Richtung – interpretierten diese Begriffe auf ihre, von der des Westens denkbar weit entfernten Weise.

Der Kreml schuf sich seit Kriegsende in Europa ein territoriales Sicherheits-Glacis: In Polen bildete man eine Regierung aus kommunistischen Kräften und verhinderte so die prowestliche Londoner Exilregierung. In der Tschechoslowakei unterstützte man Eduard Benesch, der die Sowjetunion als alleinige Schutzmacht akzeptierte. Auch in Rumänien erzwangen die Sowjets ein Kabinett, das sich an ihren Vorgaben orientierte.

Aber Truman fühlte sich Roosevelts Konzept der »einen Welt« verpflichtet, einer Utopie der »offenen Türen«, ohne Marktschranken und Handelshindernissen. Stalin schwieg zu Trumans Vorwürfen. Überhaupt hatte man sich wenig zu sagen in diesen Sommertagen. Also verständigte man sich zunächst einmal darüber, welches Territorium eigentlich noch als deutsch zu definieren sei. »Vorkriegsdeutschland«, meinte Churchill. »Die Grenzen von 1937«, präzisierte Truman. Deutschland sei das, was 1945 davon übrig sei, erklärte Stalin. Faktisch, so Truman, existiere Deutschland im Sommer 1945 überhaupt nicht mehr. Später einigte man sich auf eine Ausdehnung Deutschlands in den Grenzen von 1937, obwohl alle drei wussten, dass die Wirklichkeit längst über die alten deutschen Ostprovinzen hinweggerollt war. Noch während die Sowjetarmee nach Berlin marschierte, besetzten die Polen Pommern, halb Ostpreußen und Schlesien. Zwar hatten die Großen Drei in Jalta bereits beschlossen, Polen im Westen für den Verlust jener Gebiete zu entschädigen, die es im Osten an die UdSSR abtreten musste, wo aber diese neue Westgrenze verlaufen würde, war damals offengeblieben. Zumindest Stalin baute auf die Schaffung vollendeter Tatsachen. Wenn die Polen einmal da waren – wer wollte sie wieder hinauswerfen? Die polnische Westgrenze war eines von vielen Problemen, um die die einstigen Verbündeten in Potsdam stritten. Sie retteten sich schließlich in diplomatische Floskeln, die niemanden verpflichteten.

Am fünften Konferenztag traf der ausführliche Bericht vom erfolgreichen Test der amerikanischen Atombombe ein. Von nun an konnten die Amerikaner die Verhandlungen mit einer großen »Wunderwaffe« im Hintergrund führen. Truman ging zum Angriff über. Er stellte die sowjetischen Grenzziehungen in Frage, lehnte Stalins Reparationsforderungen ab. In Jalta hatte man von 20 Milliarden Dollar gesprochen; die Hälfte sollte die Sowjetunion bekommen, schließlich hatte sie mit Abstand die meisten Verluste zu beklagen. Das war nicht einmal viel, denn nach sowjetischen Schätzungen beliefen sich die eigenen Schäden auf 128 Milliarden plus 357 Milliarden Folgeschäden. Doch nun schlugen die Amerikaner vor, dass jede Besatzungsmacht Reparationen aus ihrer eigenen Zone entnehmen solle, ein schlechter Handel, wenn man bedenkt, dass in der sowjetischen Besatzungszone kaum noch Reichtümer zu holen waren.

Mit der Unterzeichnung des Potsdamer Abkommens am 2. August einigte man sich unter anderem schließlich auf folgende Punkte:

- Die USA bieten die diplomatische Anerkennung der Regierungen in Rumänien, Bulgarien, Ungarn und Finnland an sowie die Zustimmung zu einer polnischen Westgrenze entlang der westlichen Neiße.

- Im Gegenzug verzichtet die Sowjetunion auf feste Reparationssummen – und auf die Einheit Deutschlands, die Stalin bisher noch gewollt hatte.

Die Teilung Deutschlands war damit faktisch eingeleitet. Von nun an gab es eine westliche und eine östliche Reparationszone, eine westliche und eine östliche Interessensphäre. Und vier Jahre später sollte es dann auch einen westlichen und einen östlichen deutschen Staat geben.

Während die Unterschriften auf der gemeinsamen Erklärung noch trockneten, beendete Präsident Truman die Konferenz: »Bis zu unserem nächsten Treffen, das, wie ich hoffe, in Washington stattfinden wird.« »Wenn Gott will«, antwortete Stalin. Es würde kein Treffen der Staatschefs mehr geben. In Potsdam hatte der Kalte Krieg de facto begonnen, ohne dass jemand ihn beim Namen nannte.

Rund drei Viertel des Deutschen Reiches in den Grenzen von 1937 sollten nach den Potsdamer Beschlüssen als Einheit behandelt werden – obschon dieses Restdeutschland bereits in Besatzungszonen aufgeteilt war. So besetzte die Sowjetunion das östliche Drittel Restdeutschlands, die Briten okkupierten den Norden und Westen, die Amerikaner den Süden. Im Juli 1945 wurde aus der US-Zone für Frankreich ein Stück im Südwesten herausgeschnitten. Überall sollten die gleichen Prinzipien die Besatzungspolitik bestimmen, die »vier großen Ds«: Denazifizierung, Demilitarisierung, Demokratisierung und Demontage. Doch schnell zeigte sich, dass jeder Alliierte die »vier Ds« anders definierte. Und so führte nicht etwa ein gemeinsamer Plan der Siegermächte zur späteren Teilung Deutschlands, sondern – im Gegenteil – deren Unvermögen, sich überhaupt auf einen Plan zu einigen.

Die Deutschen nahmen in diesen politischen Auseinandersetzungen nicht mehr als eine Statistenrolle ein. Ihr Land war zu einer Bühne des Kalten Krieges geworden, und ihre Politiker konnten nur jene Spielräume nutzen, die durch die Uneinigkeit der Alliierten entstanden waren.

Aufgeteilt in vier Zonen

Jede Besatzungsmacht bestimmte fortan den Gang der Dinge in ihrer Zone allein. Die Deutschen hatten nichts zu sagen, was Deutschland als Ganzes anging. Oberste deutsche Verwaltungsinstanzen gab es nur für die Länder. Auch der im Februar 1946 von der britischen Militärregierung eingesetzte Zonenbeirat, der sich aus Vertretern der Verwaltungen sowie wieder zugelassener Parteien und Gewerkschaften – darunter der CDU-Politiker Konrad Adenauer und Kurt Schumacher von der SPD – zusammensetzte, hatte nur beratende Funktion.

Hannelore Danders, Jahrgang 1931, führte damals Tagebuch und hielt darin anschaulich das Gefühl der Ohnmacht fest, lediglich zum Spielball der Siegermächte geworden zu sein: »Mutter sagte heute, *die* interessieren sich doch einen Dreck für uns. Das ist denen doch völlig egal, was aus uns wird. Da macht es keinen Unterschied, ob Amerikaner, Engländer oder Russen. Wir sind für die wie ein Goldfischglas: Der Russe nimmt den Fisch raus und schlägt ihn an die Wand. Die anderen schöpfen jeden Tag einen Löffel Wasser heraus, bis nichts mehr drin ist. So oder so ist der Fisch irgendwann tot.« Es würde noch einige Zeit dauern, bis solche Empfindungen vergingen.

Von der Ausübung der Herrschaft in ihren Besatzungszonen hatten die vier Siegermächte durchaus unterschiedliche Vorstellungen, die sich schließlich auf die Lebensumstände der jeweiligen Bevölkerung auswirkten. Das Interesse der Amerikaner galt zunächst dem Aufbau einer

Demokratie in Nachkriegsdeutschland. Doch bereits 1946 trat angesichts des aufbrechenden Ost-West-Konflikts das Ziel hinzu, die Westzonen ökonomisch zu stärken. Als wirtschaftlich stärkste Nation unter den Siegermächten, die zudem als einzige keine unmittelbaren Kriegsschäden erlitten hatte, zeigten die USA weniger Interesse an wirtschaftlicher Wiedergutmachung als Frankreich, Großbritannien und vor allem die Sowjetunion. Und die von der amerikanischen Militärregierung erlassenen strikten Vorschriften im Umgang mit der deutschen Bevölkerung wurden von den GIs zunehmend aufgeweicht – nicht zuletzt zum Nutzen der Deutschen, die von den bald zahlreicher werdenden Kontakten mit den Soldaten in der nun anbrechenden entbehrungsreichen Zeit manche materiellen Vorteile hatten.

Eine wesentlich größere Distanz zu den Deutschen hielten die Briten, die selbst unter den Bombardements der deutschen Luftwaffe gelitten hatten und in deren Heimat ebenfalls große Not herrschte. Großbritannien war genau wie Frankreich zu umfangreichen Hilfslieferungen in der Nachkriegszeit nicht in der Lage. Viele Zeitzeugen haben allerdings ein bemerkenswertes Verantwortungsgefühl der britischen Besatzungsangehörigen nach einer Phase der »korrekten Distanz« hervorgehoben. Als wesentlich härter empfanden die Deutschen in den südwestlichen Landesteilen den nicht nur distanzierten, sondern überwiegend feindlichen Besatzungsstil der Franzosen – eine Antwort des Nachbarlandes auf das unter der deutschen Okkupation erlittene Leid.

Angesichts der schrecklichen Erlebnisse mit Soldaten der Roten Armee in den letzten Kriegstagen und in der unmittelbaren Nachkriegszeit war das Verhältnis der deutschen Bevölkerung zur sowjetischen Besatzungsmacht in der »Ostzone« von großer Distanz geprägt. In der Praxis zeichnete sich das Vorgehen der sowjetischen Militärregierung zum einen durch Entgegenkommen auf einigen Gebieten – etwa im Bereich der Kultur –, zum anderen durch besondere Härte aus. Willkürliche Verhaftungen durch das NKWD, das berüchtigte Volkskommissariat für innere Angelegenheiten, und drakonische Strafen verbreiteten ein Gefühl der Ohnmacht, das aber bei vielen mit einer gewissen Überheblichkeit gegenüber den Russen einherging.

Beträchtliche besatzungspolitische Unterschiede bestanden auch bei der Handhabung der Reparationsleistungen. In der sowjetischen Zone kam es zur Demontage nicht nur der kriegswichtigen Industrien, auch Lokomotiven, Eisenbahngleise, ganze Fabrikanlagen der Stahl- und für die Herstellung von Düngemitteln wichtigen chemischen Industrie wurden abtransportiert.

Den unermesslichen Reparationsbedarf der stark kriegsgeschädigten Sowjetunion musste die SBZ ganz allein decken. Bis März 1946 hatte ein Moskauer Sonderkomitee die Demontage von 2885 Betrieben veranlasst. Die hochentwickelte mitteldeutsche Industrie verlor etwa 50 Prozent ihrer Kapazitäten, und im gesamten Gebiet der SBZ wurde nahezu die Hälfte aller Schienen abgebaut, insgesamt 11 800 Kilometer Gleise.

Das Vorgehen der Franzosen in der Reparationsfrage ähnelte dem der Sowjets. Bis zur Bekanntgabe der offiziellen Demontageliste im November 1947 hatten sie aus ihrer Zone bereits fast 40 Prozent der dort vorhandenen Werkzeugmaschinen abtransportiert. Auch die USA und noch stärker Großbritannien hatten zunächst exzessive Demontagen als Straf- und Sühnepolitik verfolgt, doch reduzierten die Westmächte im Zuge des zunehmenden Ost-West-Konflikts sukzessive ihr Reparationsprogramm.[9]

Gerade die Demontage industrieller Produktionsstätten, die von den deutschen Arbeitern selbst durchgeführt werden musste, belastete das Verhältnis zu den Besatzern und wurde von der Bevölkerung als Demütigung empfunden.[10] Auf Unmut stieß auch, dass darüber hinaus Waren aus der laufenden Produktion abgeschöpft wurden. Günther Helnwein [Name wurde geändert] arbeitete zu Beginn des Jahres 1946 als vierzehnjähriger Lehrjunge in der Zuschneiderei einer großen Schuhfabrik mit über 200 Mitarbeitern. Er erinnert sich, dass es für die hochfeine Schuhproduktion an nichts mangelte: »[…] sogar Krokodilleder wurde geliefert und verarbeitet. Aber für die Leute, die dringend Schuhe brauchten, gab es nichts. Ich habe mir Leder um den Bauch gebunden und aus dem Betrieb geschmuggelt, um es einzutauschen. Der Meister wusste das und warnte mich sogar vor den Kontrollen: ›Hast du wieder ein Fell um den Bauch? Pass bloß auf heute!‹ Ein Schieber aus Leipzig hat mir mein Diebesgut regelmäßig abgekauft.«

An Rohstoffen für die langsam wieder in Gang kommende Produktion in den zerstörten Fabriken und Werkstätten fehlte es allerdings in allen Branchen. Hier waren Improvisation und Organisationstalent gefragt. Claus Möller ging damals in einer Schlosserei in die Lehre: »Der Betrieb hatte sich auf das Reparieren landwirtschaftlicher Geräte spezialisiert, der Bedarf war groß, die Maschinen waren in einem desolaten Zustand! Regelmäßig fuhren wir nach Hamburg, um uns Material zu beschaffen – Schrottteile, Eisen aus den Trümmern, alles wurde wiederverwertet. Wir mussten sehr findig und geschickt sein, um die Maschinen wieder herzurichten.« An landwirtschaftlichen Geräten mangelte es überall auf den Dörfern – wie aber sollte so die Versorgung mit Nahrungsmitteln gesichert werden können?

Neben den Reparationsleistungen und Demontagen erschwerte vor allem die Trennung des einstmals zusammenhängenden Wirtschaftsraumes den Neuanfang. Die Tatsache, dass es zwischen den vier Zonen nur wenige funktionierende Verkehrsverbindungen gab und ein Warenaustausch nur unter schwierigsten Bedingungen stattfinden konnte, behinderte in hohem Maße den für die Versorgung der Bevölkerung so dringend notwendigen Wiederaufbau. Mit dem Kriegsende 1945 war die Industrieproduktion in Deutschland fast gänzlich zum Erliegen gekommen; gerade einmal 10 Prozent derjenigen des Jahres 1936 erreichte sie im Juli 1945 in der amerikanischen Zone, im Dezember 1945 waren es 20 Prozent. Mitteldeutschland war in den 1930er Jahren das am stärksten industrialisierte Gebiet des ganzen Deutschen Reiches gewesen und im höchsten Maße vom Austausch mit den anderen Regionen abhängig. Auch in der britischen Zone kam die lebenswichtige Kohle- und Stahlerzeugung des Ruhrgebiets nur langsam wieder in Gang.

Wie hinderlich sich die Errichtung von Zonengrenzen auswirkte, wird am Beispiel der BASF deutlich, der Badischen Anilin- und Soda-Fabrik, deren Hauptwerk im französisch besetzten Ludwigshafen am Rhein lag, während viele Angestellte auf der rechten Rheinseite in Mannheim wohnten, das sich jedoch in der amerikanischen Besatzungszone befand. Im Jahr 1943 hatte das Werk mit rund 43 400 Beschäftigten den Höchststand seiner Belegschaft erreicht; im Mai 1945 standen kaum mehr 800 Mann zur Verfügung. Für alle Fabrikationen waren Produktionsgenehmigungen seitens der Militärregierung erforderlich, alle Roh- und Brennstoffe sowie die elektrische Energie waren bewirtschaftet. Mehrfach drohte die Stilllegung aus Kohlemangel. Größte Schwierigkeiten wurden aber vor allem dadurch verursacht, dass die Fabrik von ihrem unmittelbaren Umfeld abgeschnitten war. Die rechtsrheinischen Werksangehörigen konnten oft nicht an ihren Arbeitsplatz gelangen, weil die nötigen Papiere zum Passieren der Zonengrenze fehlten. Auch erhielt die Fabrik plötzlich keine Kalksteine mehr aus dem Neckartal und kein Steinsalz aus Heilbronn oder vom Niederrhein, weil diese Gebiete in der amerikanischen beziehungsweise britischen Besatzungszone lagen.[11]

In der sowjetischen Besatzungszone fand genau ein Jahr nach Kriegsende, am 8. Mai 1946, in den notdürftig wiederhergerichteten Messehäusern und Ausstellungshallen Leipzigs die erste Nachkriegsmesse statt, die sogenannte Friedensmesse. Wege und Zugänge führten durch Trümmer hindurch, und das Angebot an notdürftig hergestellten Erzeugnissen war mehr als armselig: Schuhsohlen aus zusammengeklebtem Zeitungspapier, Kochtöpfe aus Stahlhelmen, Kartuschen als Haushaltsgeräte, Strohschuhe, Rezepte zur Herstellung von Schuhputzmitteln und Kräuterteemischungen. Ein Angebot, das den desolaten Zustand der deutschen Wirtschaft eindringlich widerspiegelte.[12]

Mochte General Lucius D. Clay auch Deutschland-Besuche für amerikanische Abgeordnete und Journalisten organisieren, um sie davon zu überzeugen, dass Deutschland ohne Hilfe von außen in die Katastrophe treiben würde, so hatten die meisten Deutschen im Oktober 1946 nur wenig Hoffnung auf eine Verbesserung ihrer Situation. Obwohl der Krieg schon mehr als ein Jahr vorbei war, hatte sich die allgemeine Lage der Menschen drastisch verschlechtert. Der Alltag wurde vom Kampf ums Überleben bestimmt. Hunger, Armut, Verbrechen waren allgegenwärtig, Deutschland hing wie ein todkranker Patient am Tropf der alliierten Besatzungsmächte.

Der Winter kündigte sich an, und wenn auch noch niemand ahnte, dass es einer der kältesten Winter seit Menschengedenken werden würde, stellte sich immer dringender die Frage, wie man über diese Monate kommen konnte, wenn es bisher schon am Nötigsten gefehlt hatte. Mit dem Ende des Krieges hatten zwar die Bombennächte aufgehört, nicht aber die Entbehrungen in Folge der Zerstörungen.

2. KAPITEL

Leben auf Zuteilung

Es drehte sich alles ums Essen! Meiner dreijährigen Schwester malte ich Essensmarken zum Spielen. Ihr fiel nichts anderes ein, als mit den falschen Marken schnurstracks zum Metzger zu gehen, sich vor den Tresen zu stellen und zu sagen: Ich brauche notwendig eine große Wurst!

Inge Zehnder

Zu den wichtigsten Aufgaben in der Nachkriegszeit gehörte die Versorgung der Bevölkerung mit Lebensmitteln, wobei naturgemäß die Verantwortlichen in den Städten wesentlich größere Probleme zu bewältigen hatten als die auf dem Land, wo mehr Menschen sich selbst versorgen konnten. In den ersten Wochen nach Kriegsende gab es vielerorts noch gefüllte Lebensmitteldepots der deutschen Wehrmacht, die in den letzten Kriegswirren oftmals nicht, wie befohlen, vor dem Anrücken des Feindes zerstört worden waren. Nicht selten kam es allerdings vor der behördlichen Verteilung der Lebensmittel zu Plünderungen durch die Bevölkerung.

Davon erzählt Walter Neuber aus Osnabrück, der damals zwölf Jahre alt war. Die Neubers hatten das Glück, ein paar Hühner zu besitzen, die sie wie ihren Augapfel hüteten. Täglich musste Walter los, um für die Tiere Kartoffelschalen zu sammeln, auch wenn er viel lieber mit seinen

Spielkameraden in den Straßengräben der Stadt nach Waffen, Munition, Orden und Uniformteilen der sich auflösenden Wehrmacht gesucht hätte. Als er einmal wieder unterwegs war, kam er an einem brennenden kasernenähnlichen Gebäude vorbei, dem Heeresverpflegungsamt. Die SS hatte es in Brand gesetzt, damit die Vorräte nicht in die Hand der anrückenden britischen Armee fielen. Für die ausgehungerte Bevölkerung gab es daraufhin kein Halten mehr. Die Menschen stürmten hinein, obgleich die abrückenden Soldaten auf sie schossen. Walter erkannte seine Chance sofort. Seinen Rucksack, noch halbvoll mit den glitschigen Kartoffelschalen, kippte er kurzerhand auf die Straße und rannte wie alle anderen in das brennende Lebensmittellager: »Das Heeresverpflegungsamt war voll bis oben hin: feinste Zigarren, kiloweise Mehl, alles! Ich dachte nur an Futter für die Hühner. Meinen Rucksack füllte ich bis oben hin mit Roggenkörnern und meine Skimütze voll mit Mehl. Dann ging ich zu einem Mann, der auch plünderte, und fragte, ob man das bezahlen müsste – der sagte nur: ›Junge, hau bloß schnell ab!‹ – Zu Hause schüttelten sie dann die Köpfe – ›... denkt nur an die Hühner!!!‹ Meine Schwester ist dann gleich noch mal losgezogen.«

Der Leiter des Wirtschaftsamtes Landau beschrieb die Plünderung eines Heeresverpflegungsamtes: »Gleich einem aufgerüttelten Ameisenhaufen stürmten die Versammelten in das Gebäude, zertrampelten ihnen weniger wertvolle Lebensmittel, um sich zu denen ihnen besser scheinenden durchzudrängen. Jeder schleppte fast über seine Kräfte: Kisten von Dosenmilch, Fleisch- und Gemüsekonserven, Säcke mit Reis, Mehl, Grieß, Bohnen, Leder, Zigarren und dergleichen mehr. Leute, die bisher bei der Lebensmittelkartenstelle ständig Kunde waren, um wegen allgemeiner Körperschwäche Zulagen zu erhalten, schleppten Säcke, deren Gewicht jedem Mühlknecht zur Ehre gereicht hätte; andere wiederum, die in ihrem Standesdünkel sich jeglicher Arbeit schämten, zerrten an 100-Kilogramm-Säcken, als sei das schon immer ihr Beruf gewesen.«[13]

Gregor Maller, Jahrgang 1930, erlebte das Kriegsende im bayerischen Ottobeuren. In den Kellergewölben der dortigen Basilika hatte die Wehrmacht ein strategisches Versorgungslager eingerichtet. Neben Bekleidung und sonstiger Ausrüstung waren dort auch Lebensmittel deponiert. Ein Teil davon, 200 Tonnen reines Butterschmalz, wurde kurz nach Kriegsende zur Verteilung freigegeben. Diesmal gab es das begehrte Schmalz nicht gramm-, sondern kiloweise: »Da wir in der Familie vier Kinder waren – der Vater als Soldat noch nicht zu Hause, die Mutter arbeitete bei einem Bauern –, stand uns eine gesegnete Ladung von 50 Kilogramm Butterschmalz zu. Ein Wahnsinn! Ich ging also mit dem Zuteilungsbescheid in das Klostergewölbe und holte die erste Kiste mit 25 Kilo ab. Für einen vierzehnjährigen Bub war die Ladung jedoch zu schwer, um sie nach Hause tragen zu können. Also stellte ich die Kiste ab und bat einen Schulkameraden, das wertvolle Gut zu bewachen, bis ich mit der zweiten Kiste bei ihm war. Als ich zurückkam, war mein Schulkamerad nicht mehr da, die Kiste Butterschmalz natürlich auch nicht. Enttäuscht und ratlos fragte ich einen fremden Mann, ob er mir helfen wolle, mein teures restliches Gut heimzutragen. Dieser Mann half mir gern, schlug dann aber einen anderen Weg ein, und schon war ich auch diese wertvolle Ladung los.«

Rationierung für den Krieg

Nachdem die Vorratslager im Sommer 1945 geleert worden waren, stellte sich den Militärverwaltungen die dringende Frage, wie die Versorgung künftig gewährleistet werden könne, denn mehrere Faktoren hatten zum Zusammenbruch der Lebensmittelproduktion und -verteilung geführt.

Die Kartoffel- und Getreidelieferungen aus den deutschen Ostgebieten, die vor dem Krieg ca. 30 Prozent des Bedarfs im Land gedeckt hatten, blieben nun ganz aus, weil diese Gebiete inzwischen unter polnischer und sowjetischer Verwaltung standen. Auch konnte der Landarbeitermangel auf den Höfen der deutschen Bauern nicht mehr über die Rekrutierung von Zwangsarbeitern gedeckt werden. Darüber hinaus waren infolge der monatelangen Kampfhandlungen auf eigenem Boden das Land verwüstet, Ackerflächen, Güter und Bauernhöfe zerstört, es fehlte an Landmaschinen und -gerät, an Dünger, Treib- und Baustoffen. Und mit der Auflösung des Reichsernährungsministeriums und der Reichsnährstandsorganisation der Nationalsozialisten war die zentrale Steuerungsapparatur der Ernährungswirtschaft verschwunden – aber was hätte auch verteilt werden sollen? In den Westzonen sanken die Ernteerträge beim Getreide gegenüber 1938 um 46 Prozent von 5,6 auf 3 Millionen Tonnen; bei Kartoffeln um 27 Prozent von 17,5 auf 12,8 Millionen Tonnen.[14] Dies alles führte dazu, dass der Ernährungsbedarf der deutschen Bevölkerung 1945 nur noch zur Hälfte aus eigener Produktion gedeckt werden konnte.[15]

Zur Sicherstellung der Versorgung mit Grundnahrungsmitteln war die deutsche Lebensmittelindustrie allerdings schon in der Vergangenheit auf Importe angewiesen und damit abhängig von internationalen Entwicklungen. So hatte der Abfluss des ausländischen Kapitals während der weltweiten Wirtschaftskrise von 1929 auf die Versorgung in der Weimarer Republik verheerende Auswirkungen gehabt, als infolge des Devisenmangels auch die Einfuhr von Lebensmitteln ins Stocken kam.

Nach der Machtübernahme der Nationalsozialisten am 30. Januar 1933 begannen die Vorbereitungen einer radikalen Umstellung von einer Friedens- in eine kriegsvorbereitende Wirtschaft. Die Agrarwirtschaft sollte auf ein Höchstmaß an Selbstversorgung ausgerichtet werden, um unabhängig vom Weltmarkt zu sein. Ein versorgungspolitisches Desaster wie im Ersten Weltkrieg sollte sich nicht wiederholen; aus dieser Erfahrung heraus wurde schon im September 1933 der Reichsnährstand (RNS) gegründet. Dem Amt unterstand die gesamte Organisation der Ernährungsindustrie, einschließlich Produktion und Verteilung. Verbunden mit dieser Politik waren die Pläne für die Eroberung eines neuen »Lebensraumes« im Osten.

Die geheime Denkschrift zum Vierjahresplan von 1936, mit der Hitler die Vorbereitung der Kriegsfähigkeit in allen Bereichen der deutschen Wirtschaft bis 1940 anordnete, spiegelt die Allmachtsphantasien und den Rassenwahn wider, die diesem zugrunde lagen: Hitlers Überzeugung von der Überlegenheit der arischen nationalsozialistischen Volksgemeinschaft gegenüber den slawischen und jüdischen »Untermenschen«. In der Denkschrift rechtfertigte er seine Eroberungspläne folgendermaßen: »[...] wir sind überbevölkert und können uns auf der eigenen Grundlage nicht ernähren […] die endgültige Lösung liegt in einer Erweiterung des Lebensraumes bzw. der Rohstoff- und Ernährungsbasis unseres Volkes.«[16] Und an anderer Stelle: »[…] das Recht auf Grund und Boden kann zur Pflicht werden, wenn ohne Bodenerweiterung ein großes Volk dem Untergang geweiht erscheint. […] So wie unsere Vorfahren den Boden, auf dem wir heute leben, nicht vom Himmel geschenkt erhielten, sondern durch Lebenseinsatz erkämpfen mussten, so wird auch uns in Zukunft den Boden und damit das Leben für unser Volk keine völkische Gnade zuweisen, sondern nur die Gewalt eines siegreichen Schwertes.«[17]

Die intensive Aufrüstung begann. Kornfelder verwandelten sich vielerorts in Militärflugplätze, gleichzeitig setzte die staatlich gelenkte Lebensmittelbevorratung durch den Reichsnährstand ein, um für einen jahrelangen Krieg gerüstet zu sein. Nachdem schon 1934 ein entsprechendes System ausgearbeitet war, wurde für einige Lebensmittel 1936/37 die Rationierung eingeführt, und Hermann Göring, Beauftragter für den Vierjahresplan, verkündete 1938, dass das deutsche Volk vorrangig »Kanonen statt Butter« zu produzieren hätte.

Aus deutschen Pflugscharen waren in den dreißiger Jahren Schwerter geschmiedet worden, und 1939 wurden diese Schwerter schließlich gezogen. Deutschland stürzte Europa in einen Krieg. Durch die Eroberungen gelangten riesige landwirtschaftliche Anbaugebiete unter deutsche Kontrolle, die rücksichtslos ausgeplündert wurden und deren Ernteerträge jetzt nach Deutschland flossen, während die Menschen in den besetzten Ländern hungerten – und verhungerten.

Infolge der sechsjährigen Planung und der damit einhergehenden Ausarbeitung eines Rationierungssystems war es mit Kriegsbeginn »schlagartig« möglich, dass am Sonntag zuvor, dem 27. August 1939, die erste Zuteilungsperiode beginnen und Lebensmittelkarten an die Bevölkerung ausgegeben werden konnten.[18] Vorrangig sollten damit zunächst Hamsterkäufe vermieden werden und eine Übersicht über die Verteilung beziehungsweise deren Steuerung möglich sein. Zwangsarbeitern und Juden im Sinne der nationalsozialistischen Ideologie standen wesentlich kleinere Rationen zu.

Mit dem fortschreitenden Krieg musste sich auch die deutsche Bevölkerung an schmalere Kost gewöhnen. Nach der Niederlage der Wehrmacht in der Schlacht bei Stalingrad zu Beginn des Jahres 1943 und dem Vormarsch der Roten Armee gingen die eroberten »Kornkammern« des Reiches in der Sowjetunion und der einverleibte »Kartoffelkeller« Polens verloren. Im Frühjahr 1945 war dann eine rechtzeitige Feldbestellung vielerorts nicht mehr möglich. Der Nationalsozialismus hatte den benachbarten Völkern im Osten Hunger gebracht, nun kam er nach Deutschland.

Lebensmittelkarten werden zum Lebensberechtigungsausweis

Die Grundversorgung mit Brot aufrechtzuerhalten gestaltete sich nach Kriegsende vor allem in den Großstädten schwierig. In Berlin zum Beispiel waren die meisten Brotfabriken zerstört, und so fiel es den handwerklichen Kleinbetrieben, den Bäckereien an der Ecke, zu, mit den von den Alliierten ausgegebenen Mehlzuteilungen ausreichend Brot für die Bevölkerung zu produzieren. Die unmittelbar nach Kriegsende von den verschiedenen örtlichen Behörden festgesetzten Ausbackquoten einzuhalten gelang jedoch kaum. Bei einer Quote von 150 Prozent bei Roggen (ein Kilogramm Mehl musste 1,5 Kilogramm Brot ergeben) und 140 Prozent bei Weizenmehl benötigten die Bäcker qualitativ hochwertiges Mehl, das jedoch nicht in ausreichender Menge zur Verfügung stand. Die Backausbeuten blieben daher entweder hinter den Vorgaben zurück oder das Brot enthielt einen hohen Wasser-, Kartoffel- oder Haferanteil, war feucht, bröckelte und verdarb leichter.[19]

Angesichts des Mangels an Nahrungsmitteln blieb den Militärverwaltungen keine andere Wahl, als die Rationierung der Versorgungsgüter mittels Lebensmittelkarten fortzuführen. Lebensmittelkarten wurden zum Lebensberechtigungsausweis und damit zu einem Heiligtum, erinnert sich Günther Kammeyer aus Hamburg-Fuhlsbüttel. 1946 war er zehn Jahre alt: »Alle vier Wochen gab es Lebensmittelkarten. Die waren unterschiedlich gefärbt. Es gab eine für Jugendliche, eine für Erwachsene, aber dann auch vor allen Dingen für Schwerbeschäftigte, so wie für meinen Vater, der auf dem Bau arbeitete und dadurch eine besondere Zulage bekam. Und dann gab es auch diese Rentnerkarten, die nannte man aber nur Sterbekarten, weil es so wenig dafür gab, dass man gar nicht davon leben konnte. Ohne eine Lebensmittelkarte, also angenommen, jemand hat die verloren oder wurde bestohlen … Das hieß: Verhungern! Fertig! Aus! Es gab nichts!«

Dies musste auch die zehnjährige Gisela Lorenz aus Halle/Saale bitter erfahren. Im Oktober 1946 vergaß sie vor Freude, ein ganzes Brot ergattert zu haben, eine gerade angefangene Zuteilungskarte auf der Theke des Bäckerladens. Natürlich waren die Marken verschwunden, als sie später in der Bäckerei danach fragte. Die Ämter zuckten mit den Schultern; Ersatzkarten gab es nicht. So war die dreiköpfige Familie, Gisela, ihre Mutter und Großmutter, für die Dauer von vier Wochen gezwungen, sich mit nur zwei kärglichen Rationen durchzuschlagen. Die ohnehin geschwächte Großmutter überlebte diese Zeit nicht.

Die Einteilung der Bevölkerung in Versorgungskategorien erfolgte in den Besatzungszonen nach verschiedenen Kriterien. In den Westzonen gab es unterschiedliche Grundkarten je nach Altersgruppe, die durch Zulagekarten, zum Beispiel für Schwerst- und Schwerarbeiter, werdende Mütter oder auch ehemalige KZ-Häftlinge ergänzt werden konnten.

Ein völlig anderes System praktizierte man in der SBZ. Die Sowjetische Militäradministration (SMAD) nahm eine grundlegende erste Kategorisierung der Städte und Gemeinden nach Ortsgrößenklassen vor. Danach erhielten die Bewohner Berlins vor denen Dresdens und Leipzigs die höchsten Zuteilungen. Die SMAD begründete dies mit den sehr viel ungünstigeren Lebensbedingungen in den Großstädten gegenüber ländlichen Regionen und den damit einhergehenden schlechteren Möglichkeiten bei der Beschaffung von zusätzlicher Verpflegung aus dem eigenen Garten oder dem Umland. Auf dieser Basis erfolgte eine Einteilung in fünf beziehungsweise sechs an Berufsgruppen orientierten Versorgungskategorien. In Berlin waren das:

- Gruppe I: Schwerstarbeiter, namhafte Künstler, Politiker und mit Leitungsfunktionen betraute Akademiker,
- Gruppe II: Schwerarbeiter und sonstige akademisch ausgebildete Berufszweige,
- Gruppe III: Angestellte, darunter auch Reinemach- und Waschfrauen, Studenten, Schriftsteller, Künstler, Schauspieler, Musiker,
- Gruppe IV: Kinder bis zu 15 Jahren,
- Gruppe V: »Sonstige Bevölkerung«, auch »Tätige«, deren Arbeit nicht im allgemeinen Interesse liegt, alle »nicht arbeitenden« Personen, zum Beispiel Hausfrauen und Rentner, Gebrechliche sowie ehemalige Mitglieder nazistischer Organisationen.

Angehörige der Kategorie V erhielten 1946 zum Beispiel bei der Fleischzuteilung lediglich 20 Prozent von dem, was Kartenbesitzern der Gruppe I zustand, und nur die Hälfte der Fleischration im Vergleich zur Gruppe III.

Nicht die Art der körperlichen Verausgabung und der sich daraus ergebende Ernährungsbedarf war bei der Lebensmittelzuteilung in der SBZ entscheidendes Kriterium, sondern die volkswirtschaftliche beziehungsweise gesellschaftliche Bedeutung der Arbeit des Einzelnen – ein Verfahren, dem das Rationierungssystem der Sowjetunion als Vorbild gedient hatte. Beim Großteil der Bevölkerung stieß dieses Verteilungsprinzip auf Unverständnis. Warum sollte zum Beispiel einem Bürgermeister mehr Brot zustehen als einem Handwerker oder Facharbeiter? Am härtesten traf es die Frauen, die täglich den Kampf ums Überleben ihrer Familie bestehen mussten, aber – zusammen mit den Nazis – zur untersten Kategorie gehörten.[20]

Ursula Stenzaly, damals neun Jahre alt, berichtet vom administrativen Chaos in dieser Zeit: »In Freiburg, in der französischen Zone, hätten wir keine Lebensmittelkarten mehr bekommen, weil wir aus Hamburg, der englischen Zone, stammten und von dort wegen der Bomben geflüchtet waren. Jede Zone wollte die Leute wieder loswerden, die von außerhalb hinzugekommen waren, während oder nach dem Krieg. Die wollten nur ihre eigenen Landeskinder durchfüttern müssen und alle anderen Esser mussten weg, an einem ganz bestimmten Stichtag. Dieser Stichtag galt für alle Leute – man muss sich das mal vorstellen: die reinste Völkerwanderung. Die Leute kamen aus allen Himmelsrichtungen nach Hamburg zurück – aus dem Osten, aus Bayern, wohin viele evakuiert worden waren – aber die Bayern nannten die Hamburger Frauen abfällig nur »die Bombenweiber«. Wir kamen mit dem Viehwaggon, und dort hat meine Mutter sogar gekocht, da wurde der Herd aufgestellt, ein Rohr führte hinaus. Wir mussten durch die französische Zone, dann kam die amerikanische und dann die englische. Für alle musste man Genehmigungen haben. Und ich weiß noch, wie meine Mutter zum Wasserholen an einem Bahnhof ausstieg und zu den großen Tanks für die Lokomotiven lief. Wir Kinder haben gezittert vor Angst, dass der Zug abfährt. Wenn der Zug weitergefahren wäre, hätten wir unsere Mutter verloren. Schließlich erreichten wir Hamburg und standen drei Wochen mit dem Waggon oder länger in Altona am Bahnhof, im wörtlichen Sinne auf dem Abstellgleis. Wir wussten ja nicht, wo wir hinsollten, hatten ja keine Wohnung mehr.«

Der Besitz einer Lebensmittelkarte bedeutete jedoch nicht, dass man die zu beanspruchende Milch, das Fleisch, Brot, Mehl oder Fett in den Geschäften auch erhielt. Blieben die Lieferungen aus, gab es auch nichts.

Wolfgang Herchner, Jahrgang 1928, wohnte während der Nachkriegszeit in der britischen Besatzungszone, im Hamburger Stadtteil Blankenese: »Ich hab bis zu vier Stunden in Sternschanze angestanden, um ein Kochgeschirr voll Brühe zu bekommen. Da musste ich morgens um fünf Uhr raus und bin mit dem ersten Zug reingefahren in die Stadt, denn wenn ich später fuhr, war die Brühe weg; da kriegte man nichts mehr. Die Lebensmittelkarten, die wir hatten, galten ja immer nur, solange überhaupt was da war. Nachdem man für Fleisch oder Brot schon stundenlang angestanden hatte, konnte es durchaus passieren, dass da die Hälfte der Leute noch vor der Tür stand und das Brot alle war. – ›Wiedersehen!‹ – Das ist mehr als einmal passiert.«

Ingetraut Lippmann, Jahrgang 1936, hatte als Zehnjährige in Freiburg an der Niederelbe erlebt, wie schwierig es war, für die Lebensmittelmarken auch tatsächlich Brot zu bekommen: »Einmal hatte meine Mutter gehört, dass es auf der anderen Seite der Elbe, in Glückstadt, Feinbrot auf Marken gab. Das gab's bei uns schon lange nicht mehr. Da gingen meine Mutter und ich erst mal sechs Kilometer zu Fuß zu der Fähre. Und wir hatten das Glück, dass die tatsächlich wieder in Betrieb war. Wir sind also mit der Fähre rübergefahren und mussten dann noch mal drei Kilometer am Deich langgehen. Als wir ankamen, war das Brot alle. Ich weinte, und meiner Mutter war auch danach zumute.«

In den ersten Nachkriegsjahren sank die Zahl der ausgeteilten Kalorien weit unter die der festgelegten Normen. Im »Gesundungsplan der deutschen Wirtschaft« vom Oktober 1946 des Verwaltungsrates in Minden wird festgestellt, dass die tägliche Ration im Durchschnitt 1550 Kalorien betrage, dass man aber durchschnittlich 2000 Kalorien pro Tag fordere, für einen arbeitenden, erwachsenen Menschen gingen die Ernährungsfachleute von einem Bedarf von 2200 Kalorien pro Tag aus.[21] Inmitten des Hungerwinters, zu Beginn des Jahres 1947, erhielten die Bewohner Hamburgs täglich 770, Hannovers 740 und in Essen sogar nur 720 Kalorien.[22]

Um die Versorgung in den Besatzungszonen einigermaßen gewährleisten zu können, mussten von Juni bis Dezember 1946 Millionen Tonnen Getreide importiert werden, wovon der größte Teil in die britische Zone geliefert wurde. In der Lebensmitteleinfuhr stand das besetzte Westdeutschland international bald an zweiter Stelle. Für die Organisatoren keine leichte Aufgabe, da es immer weniger Staaten gab, die zum Export von Nahrungsmitteln in der Lage waren. Denn unter der schwierigen Versorgungslage litten nicht nur die Deutschen, die Auswirkungen des Zweiten Weltkriegs waren überall zu spüren. Weltweit ging die Nahrungsproduktion zurück, mit Ausnahme der USA lag die durchschnittliche Produktion von Fett und Getreide unter dem Niveau der Vorkriegszeit. In der Sowjetunion betrug 1946 der Ernteertrag bei Weizen im Vergleich zur Zeit vor dem Krieg nur noch knapp die Hälfte. Die Menschen hungerten dort noch jahrelang, da die durch die Kämpfe weithin verödeten Landstriche erst wieder langsam bewirtschaftet werden konnten. Ebenso erging es den Bauern in vielen anderen vom Krieg gezeichneten Landstrichen Europas.

Auch die Bevölkerung Großbritanniens hatte sich längst an den Mangel gewöhnen müssen; dort sah man sich ebenfalls zur Brotrationierung gezwungen. 1946 musste die Londoner Regierung nicht nur für die Versorgung der britischen Besatzungszone in Deutschland erhebliche Mengen an Lebensmitteln einführen, vornehmlich aus den USA, sondern auch für den Bedarf im eigenen Land. Im britischen Unterhaus erklärte in diesen Tagen ein Abgeordneter: »Das ist der größte Witz der Geschichte: Wir besiegen ein Land und fordern dann unsere eigenen Steuerzahler auf, 80 bis 100 Millionen Pfund im Jahr zu zahlen, um es wieder auf die Beine zu bringen.«[23]

3. KAPITEL

Wohnen in Trümmern

> Das Miteinander mit den Ausgebombten im Haus war natürlich schwierig; aber die Leute boten ja auch einen erbärmlichen Anblick; dieser elende Strom von Menschen, der Richtung Westen zog und versuchte, irgendwo unterzukommen, ein Dach überm Kopf zu finden. Die Menschen hatten ja nichts, standen im Nachthemd da, vielleicht ein Mantel drüber und einen Koffer – das war alles. Keiner wusste, wie es weitergeht.
>
> *Wolfgang Herchner*

Unzählige Wohnungen in Deutschland waren durch den Krieg völlig zerstört, ein großer Teil beschädigt. Mehr als ein Jahr nach Kriegsende erschienen die Ruinenstädte Deutschlands noch immer gespenstisch unbewohnt. Kaum vorstellbar, dass in diesen Trümmerwüsten Menschen lebten. Wo aber kamen sie unter, die Ausgebombten, die Flüchtlinge und die Vertriebenen? Zu den vielen Familien, die ihre Bleibe im Bombenhagel verloren hatten, waren bis Oktober 1946 fast zehn Millionen Deutsche aus den ehemaligen Ostgebieten des Reiches hinzugekommen, die auf die vier Besatzungszonen verteilt wurden und dort versorgt werden mussten. Auch sie benötigten dringend eine Unterkunft.[24]

Sämtlicher noch vorhandener Wohnraum wurde von

den örtlichen Verwaltungen bewirtschaftet, Besitzer und Mieter von intakten Häusern erhielten Zwangseinquartierungen. Jedes Gartenhäuschen, jeder Schuppen, jeder Keller oder Dachboden, jede Werkstatt wurde zur Unterbringung gebraucht.

Auch dem frisch verheirateten Paar Lotte und Felix Szelski aus Chemnitz musste bis Oktober 1946 ein Zimmer in einer Mietwohnung genügen, die von sechs weiteren Personen genutzt wurde. In diesem Zimmer wohnten, schliefen, kochten die Szelskis. Für das Ofenrohr war kurzerhand ein Loch in die Wand geschlagen worden. Lotte Szelski, Jahrgang 1922, erzählt: »Man kann sich denken, was für ein Verhältnis wir zu den anderen Leuten in der Wohnung hatten! Sechs Personen! Das Wasser mussten wir in der Toilette holen, eine halbe Treppe tiefer. Es gab ja auch keine Absprache, wer wann mal musste – da haben wir immer gelauscht. Wenn ich kochen wollte, musste ich abpassen, wann ich mal das Wasser holen konnte. Das war schon eine schlimme Zeit. Und darum waren wir doppelt froh, als wir schließlich die eigene Wohnung hatten.« Das waren dann zwei kleine Zimmer in einem kriegsbeschädigten Mietshaus, über einer Toreinfahrt gelegen. Ein unwirtliches, feuchtes Quartier, das der hochschwangeren Lotte Szelski und ihrem Mann zugewiesen worden war. Der schon kühle Herbstwind zog durch alle Ritzen, aber der Wunsch und die Freude, hier einen eigenen Haushalt für die kleine Familie führen zu können, waren stärker als die Bedenken, ob und wie dieser Ort im Winter überhaupt warm zu bekommen wäre. Die Szelskis hätten ohnehin keine Wahl gehabt.

Zusätzlich untergebracht werden mussten auch die Besatzungssoldaten; sie fanden in den ehemaligen Wehrmachtskasernen Platz. Für die Offiziere wurden Wohnungen und Villen beschlagnahmt, deren bisherige Bewohner sich beschränken, oft auch eine andere Bleibe suchen mussten.[25]

Hannelore Danders erlebte als dreizehnjähriges Mädchen in ihrem Heimatdorf bei Magdeburg die Beschlagnahme des Elternhauses durch die amerikanischen Besatzer. Sie lebte dort mit ihrer Mutter und den Großeltern, und sie hasste die Amerikaner, hatte sie doch ihren Vater bei einem Bombenangriff der Alliierten verloren: »Wir mussten in den Keller ziehen. Aber ich habe mich mit meinen dreizehn Jahren hingestellt und mit meinem bisschen Englisch gesagt: Meine Großeltern sind krank, die können nicht in den Keller. Da haben die Amis nachgegeben, und sie durften oben bleiben. Ich habe nichts von den Amis angenommen. Keine Schokolade, nichts – ich hätte mir im Haus alles nehmen können. Die ließen alles herumliegen. Ich habe es nicht übers Herz gebracht. Die Amis genossen das Dorfleben. Sie holten eine Zinkbadewanne, stellten sie in den Garten und hatten einen Riesenspaß.«

Nach einer amtlichen Statistik aus dem Jahre 1946 standen jedem Deutschen in der britischen Zone durchschnittlich 6,2 Quadratmeter, in der amerikanischen 7,6 Quadratmeter und in der französischen 9,4 Quadratmeter Wohnfläche zu.[26] Solche Durchschnittszahlen sagen allerdings wenig über die tatsächlichen Gegebenheiten aus. So war zum Beispiel von 69 000 Einwohnern in Hildesheim die Hälfte obdachlos. 5978 Wohnungen waren völlig zerstört, 3225

Wohnungen zu 60 Prozent beschädigt, 1105 Wohnungen zu 40 Prozent, 5310 Wohnungen zu zehn Prozent. Von ehemals 1500 Fachwerkhäusern in der Stadt existierten 1300 nicht mehr; 85 Prozent aller Geschäftshäuser, 70 Prozent aller Handwerksbetriebe, 50 Prozent aller Industrieanlagen und 80 Prozent aller öffentlichen Gebäude waren zerstört. In Darmstadt galten von 29 300 Wohnungen nur noch 9300 als bewohnbar.[27]

Nur etwas mehr als die Hälfte der Wohnungen im Gebiet der westlichen Besatzungszonen konnte als »relativ unbeschädigt« bezeichnet werden. Das waren oft notdürftig zusammengeflickte Behausungen, wo Fenster, soweit überhaupt noch vorhanden, mit Pappe oder Fliegendraht abgedichtet waren, bei Dachreparaturen mit Militärplanen sich beholfen und zerstörtes Mauerwerk mit Trümmersteinen – zermahlenen Steinfragmenten mit Staub und Scherben zerbombter Häuser – ausgebessert wurde.

Die Flickschusterei, die bei günstiger Witterung noch funktionieren konnte, musste bei schlechtem Wetter und dem herannahenden Winter völlig versagen. Walter Neuber aus Osnabrück, Jahrgang 1933, hört heute noch das Klappern der Latten und Planen des notdürftig reparierten Daches, wenn der Wind ums Haus fegte: »Ich lebte mit meiner schwerkranken Mutter in dem angebombten Haus – Fliegerschaden B nannte man das. A war Totalschaden. Das Dach war notdürftig repariert, die kaputten Fenster zugenagelt. Nur ein kleiner papierblattgroßer Ausschnitt war offen und mit einem Fetzen Zellophan bespannt, damit wenigstens ein bisschen Licht reinkam.«

Nicht nur Fensterglas war Mangelware. Es fehlte jegliches Baumaterial, und so suchte man in Trümmern nach Verwertbarem. Das war heiß begehrt und wurde stets bewacht, damit es nicht vielleicht beim Nachbarn oder auf dem Schwarzmarkt landete.

Um den Wiederaufbau zu beschleunigen, verfügte der Alliierte Kontrollrat schon bald nach Kriegsende eine Arbeitslenkung und führte zugleich die Arbeitspflicht für alle vierzehn- bis fünfundsechzigjährigen Männer und fünfzehn- bis fünfzigjährigen Frauen ein. »Vergessen Sie nicht!«, hieß es in einer Bekanntmachungen für die Bewohner der Stadt Darmstadt: »Aufbaudienst ist Aufbauhilfe! Bei der Lebensmittelkarten-Ausgabe ab 10. Sept. 1946 muss der Nachweis erbracht sein, dass alle Männer von 16 bis 60 Jahren zum zweiten Male für den Wiederaufbau geschippt haben! Das Tiefbauamt.«[28]

Trümmerfrauen gehörten zum beherrschenden Bild in den Städten. Für den Wiederaufbau der Häuser wurden Ziegel und Backsteine von Mörtel und Zement befreit. Eine beschwerliche und durch noch in Ruinen verborgene Blindgänger nicht ungefährliche Arbeit. Dabei entstanden ganze Berge unbrauchbaren Schutts, von den Arbeiterinnen und Arbeitern mit viel Sinn für Humor »Piz Ruin«, »Rixdorfer Alpen« und »Monte Scherbelino« genannt.

Aber längst nicht alles konnte mit geputzten Ziegeln und mit Improvisationskunst wiederhergestellt werden. So benötigte man dringend neue Dachziegel. – Die Produktion ging nur schleppend voran. Im sowjetischen Sektor Berlins beispielsweise konnten von den 89 000 schadhaften Dächern in einem Monat nur etwa fünfzig eingedeckt werden, da Berlin und Brandenburg nur noch über ein einziges Ziegelwerk verfügten. Lieferungen aus anderen Teilen Deutschlands, die es vor Kriegsende gegeben hatte, blieben nun aufgrund der nur schwer passierbaren Zonengrenzen aus.[29]

Dass die Wohnungsnot in absehbarer Zeit abnehmen könnte, schien angesichts des nur sehr langsam fortschreitenden Wiederaufbaus illusorisch. Die Menschen mussten sich in den Provisorien einrichten, auch wenn gerade in den zerstörten Großstädten und Regionen mit hohen Flüchtlingszahlen alle mehr oder weniger intakten Häuser mit obdachlosen Menschen hoffnungslos überbelegt wurden. So mancher vierköpfigen Familie blieben da gerade einmal ein Zimmer und die Küche, die zudem meist der einzige irgendwie beheizbare Ort war.

Wolfgang Herchner erinnert sich, dass in seinem Elternhaus, einem Einfamilienhaus in Blankenese, schließlich sechzehn Personen wohnten: »Mein Vater war ja Arzt, und da bekam er noch einen Verletzten, weil er ihn so gleich versorgen konnte. Auch einen unverbesserlichen Nazi mit zwei Kindern haben wir aufgenommen, der immer meinte, er habe sich nicht zu entschuldigen.«

Ob man die fremden Mitbewohner mochte oder nicht, spielte keine Rolle; man musste mit ihnen Toilette, Küche, Keller und Wohnzimmer teilen. Konflikte blieben hier natürlich nicht aus. Auch für die Einquartierten selbst war das Eindringen in die Privatsphäre anderer Menschen eine große Belastung.

Davon erzählt Helene Bornkessel, die nach ihrer Evakuierung als Vierundzwanzigjährige in das zerbombte Hamburg zurückkam. Sie besaß nichts mehr außer einem Koffer mit einigen Kleidungsstücken; ihre Eltern hatte sie verloren. Sie hoffte, bei einer Freundin unterkommen zu können, doch auch deren Wohnung war ausgebombt: »Da hab ich mich im Wohnungsamt gemeldet, und die gaben mir ein Zimmer bei alten Leuten. Ein Plüschzimmer, vollgestellt mit Möbeln, darunter auch ein Klavier. Ich konnte nicht mal einen Kocher hinstellen. Es wurde angeordnet, dass das Klavier raus muss und ich stattdessen ein Klappbett bekomme. Die alten Leute hielten sich meistens direkt vor meinem Zimmer auf der Veranda auf und sahen zu mir rein. Das ging gar nicht. Ich durfte nichts. Die Alten kamen mit der Einquartierung überhaupt nicht zurecht. Und ich auch nicht.«

Den Wunsch nach einem gerade in diesen chaotischen Zeiten so notwendigen privaten Bereich konnten sich die allerwenigsten erfüllen. Besonders schwierig gestaltete sich das Zusammenleben in den Sammelunterkünften, in ehemaligen Bunkern, Sporthallen, auf Kegelbahnen. Mancherorts lebten hundert Menschen in einem einzigen Raum, ohne Betten und Kochgelegenheiten. Häufig bereiteten die Frauen das Essen im Freien auf Feuerstellen zu.

Vielerorts wurden primitive Holzbaracken und auch sogenannte Nissenhütten aufgestellt. Den Namen verdanken diese halbrunden Notunterkünfte aus Wellblech nicht den Läusen, die gerade in diesen Massenquartieren zur Plage wurden, sondern dem britischen General Peter Norman Nissen, der solche Unterkünfte erstmals im Ersten Weltkrieg für das Militär aufstellen ließ. Im Sommer heizten sich diese Hütten gleich einem Backofen auf, und im Winter vereisten die Außen- und die Innenwände. Untergebracht wurden in solchen Notunterkünften, die eigentlich nur für kurze Zeitspannen gedacht waren, vor allem Flüchtlinge aus den einstigen Ostgebieten.

Kein Willkommensgruß für Flüchtlinge und Vertriebene

Im Potsdamer Abkommen vom 2. August 1945 hatten sich die Alliierten auf die Oder-Neiße-Linie als Ostgrenze für Deutschland geeinigt. Diese galt vorläufig, bis zum Abschluss eines Friedensvertrages. Das nördliche Ostpreußen (einschließlich Königsberg) wurde sowjetischer, das Gebiet östlich von Oder und Neiße polnischer Verwaltung unterstellt. Von der Vorstellung, dass die Ströme von Deutschen aus den Ostgebieten in Richtung Westen nachlassen würden, musste man sich bald verabschieden, als 1946/47 die massenhafte Vertreibung aus den polnisch verwalteten Gebieten und der Tschechoslowakei fortgesetzt wurde. Das Potsdamer Abkommen sah die Ausweisung von 6,65 Millionen dort lebenden Deutschen vor, Schätzungen zufolge waren es aber wesentlich mehr. Insgesamt sollen es über zehn Millionen Flüchtlinge und Vertriebene gewesen sein, die in den vier Besatzungszonen Zuflucht suchten. Viele hatten ihren Besitz zurücklassen müssen, andere ihr Hab und Gut unterwegs verloren.[30]

Gertrud Kaczmarek, Jahrgang 1935, hat diese traumatische Fluchterfahrung bis heute nicht vergessen: »Unsere Leute wurden buchstäblich aus Schlesien rausgeprügelt, durch den sogenannten polnischen Korridor gejagt: Wir mussten in unserem Heimatdorf durch eine schmale Gasse von zwei Reihen polnischer Soldaten gehen. Die Gasse war so eng, dass immer nur einer durchkam, und der wurde von beiden Seiten mit Schlägen vorangetrieben.« Wie Vieh, so erzählt sie, wurden die Menschen dann in Eisenbahnwaggons abtransportiert; viele schwerverletzt, die Luft in den übervollen Waggons zum Schneiden dick, wurden es bei jedem Halt weniger. »Die Toten schmiss man einfach raus. Vom Zielbahnhof aus fuhren dann die Busse durchs Land, wir wurden von Flüchtlingsbetreuern auf die einzelnen Gemeinden verteilt. Wir kamen in einer Militär-Holzbaracke unter. Die war 30 Meter lang, hatte einzelne Eingänge für jeweils zwei Wohneinheiten für acht bis zehn Familien; möbliert waren die mit Holzkisten und Eisenbetten mit Strohmatratzen.«

Nach ihrer Ankunft in den Westzonen oder der SBZ kamen die Flüchtlinge und Vertriebenen zunächst in Durchgangslagern unter und wurden dann auf bestimmte Gebiete verteilt. Die Unterbringung erwies sich als sehr schwierig, weshalb viele von ihnen lange in den Massenquartieren unter schlimmsten Bedingungen ausharren mussten. Gerade die völlig unzureichende Wohnsituation der Flüchtlinge und Vertriebenen sollte im Winter katastrophale Auswirkungen haben.

Den Neuankömmlingen wurde von den Einheimischen meist wenig Sympathie entgegengebracht, verfügten sie doch selbst kaum über das Allernötigste zum Leben und sollten nun noch teilen! Solidarität mit den Fremden war in diesen Notzeiten keine Selbstverständlichkeit, deshalb wandte sich zum Beispiel das Hessische Hilfswerk 1946 in einem »Notruf« an die eingesessene Bevölkerung und hoffte so, Verständnis für die Situation der Flüchtlinge und Vertriebenen zu wecken: »Tausende deutscher Flüchtlinge aus dem Osten treffen in Kürze in unserem Kreis ein. Sie mussten Haus und Hof verlassen und sollen bei uns ein neue Heimat finden. Nur weniges konnten sie von Hause mitnehmen. Es mangelt an allem [...]. Gebt reichlich! Benötigt werden: Kleider, Wäsche, Decken und Hausrat aller Rat. Die gesammelten Sachen bleiben in den Gemeinden, in denen sie gespendet wurden. Die örtlichen Stellen verteilen sie an die Flüchtlinge, die dorthin kommen. Sollten die Spenden in einer Gemeinde wider Erwarten nicht ausreichen, um den Flüchtlingen wirksam zu helfen, so muss das Fehlende, das ja in größeren Mengen im Handel wohl kaum zu haben ist, durch Beschlagnahme bei Privaten beschafft werden [...]. Wir hoffen, dass es eines Zwanges zur Hilfe nicht bedarf.«[31]

Die Flüchtlinge machten – endlich in »Sicherheit«, aber ungeliebt von den neuen Nachbarn – die bittere Erfahrung, dass der beispiellose soziale Abstieg längst nicht beendet war. So erging es Edith Eints, geborene Mischke, Jahrgang 1937. Die Mischkes, einst Land- und Gutsbesitzer im westpreußischen Pelplin, hatten auf ihrer Flucht nicht nur alles verloren, sondern auch den Tod von Ediths neunjährigem Bruder Kurt erleben müssen. Von einem sowjetischen Granatsplitter getötet, hatte ihn die Familie irgendwo im Straßengraben, nur in eine Decke gehüllt, zurückgelassen. Nur durch Zufall gelangten sie in Gotenhafen nicht auf die »Wilhelm Gustloff«, die kurz darauf nach Torpedotreffer mit 8000 Flüchtlingen an Bord in der Ostsee sank, sondern auf ein Schwesterschiff, die »Deutschland«. Von Warnemünde aus waren sie mit den anderen Flüchtlingen auf ganz Holstein verteilt worden: »Und da waren wir nun gar nicht willkommen. Wir dachten, jetzt sind wir endlich in Sicherheit – und dann waren wir die Scheiß-Flüchtlinge und galten als asozial, weil wir sechs Kinder waren. Das war beschämend. Natürlich, die Leute hatten auch nicht viel zu essen und sagten: ›Wenn ihr nicht gekommen wärt, da hätten wir mehr!‹ Und sie mussten auch Zimmer abgeben an die Flüchtlinge, weil sie natürlich den größten Zustrom hatten – durch die Ostsee.«

In die britische Zone kamen nicht, wie ursprünglich vorgesehen, 1,5 Millionen, sondern 3,2 Millionen Flüchtlinge. Da es in Schleswig-Holstein viel unzerstörten Wohnraum gab, wurden sie vorrangig dort untergebracht. Bis zum Oktober 1946 erhöhte sich daher die Bevölkerungsdichte gegenüber der Vorkriegszeit um 62 Prozent. In Niedersachsen waren es 37 Prozent, und Mecklenburg hatte nun mehr als doppelt so viele Einwohner.[32] Die französische Zone verweigerte sich lange dem Flüchtlingsstrom, so dass dort nur etwa 50 000 Vertriebene Aufnahme fanden.

Familie Mischke hauste unter katastrophalen hygienischen Bedingungen in Moorrege bei Pinneberg in einem Kuhstall. Blechdosen dienten als Kochgeschirr, zum Kochen und Waschen stand der Familie nur das brackige Wasser aus den Gräben zur Verfügung. Ein Plumpsklo im Garten verseuchte den Boden, der für zusätzliche Nahrung hätte sorgen können, mit Fäkalien. »Wir haben immer Angst gehabt, dass uns die Ratten in der Nacht beißen, am Zeh oder im Gesicht. Einmal sind wir morgens aufgewacht, und da war der ganze Fußboden voll fliegender Ameisen, eine bestimmt fünf Zentimeter hohe Bodenschicht so großer dicker Dinger. Ich glaube, wir haben drei Nächte lang kein Auge zugemacht wegen dieser Tiere. Für die anderen im Dorf waren es dann wir, die Flüchtlinge, die Krankheiten einschleppten, weil wir wie die Schweine lebten!«

Die damals neunjährige Wilma Arnold verschlug es mit ihrer Mutter und den beiden Geschwistern nach ihrer Flucht aus Polen nach Brandenburg: »1946 kamen wir und viele andere Flüchtlinge im Brandenburger Schloss unter. Wir hatten ein Zimmer für die ganze Familie, jeweils zwei schliefen in einem Bett auf Stroh, das wurde ab und zu erneuert. Wir Flüchtlingskinder mussten bei der Ernte helfen, oft mitten in der Nacht – nur dann konnte der Roggen gedroschen werden, weil es zu dieser Zeit Strom gab. Aber am schlimmsten war die Kartoffelernte, wir rutschten auf dem lehmigen Boden herum und schleppten die Kartoffeln zum Wagen – dafür bekamen wir dann etwas ab. Immer hungrig, gingen wir natürlich auch stoppeln und sammelten Ähren. Ich verdiente auch Geld mit Pilzesammeln, dafür bin ich morgens um vier aufgestanden.« Einmal hatten die Bauern alle Flüchtlingskinder an einer langen Tafel zum Essen eingeladen. »Da gab es von allem reichlich, wie im Schlaraffenland. Wir wollten so viel essen, dass uns Mutter zwei Tage lang nicht mehr versorgen musste. Einer aß zehn hartgekochte Eier. Der wurde richtig krank vom Essen. Ist ja auch klar – die ausgehungerten Kinder vertrugen die Mengen nicht mehr. Aber die Bauern hatten es ja gut gemeint.«

Auf die Not der Flüchtlinge und Vertriebenen und ihre mancherorts ungerechte Behandlung ging schließlich auch Kardinal Michael von Faulhaber in seinem Hirtenwort ein, das anlässlich einer Sammlung für die Flüchtlinge im Winter 1946 von den Kanzeln der Erzdiözese München und Freising verlesen wurde:

»In langen Zügen, auf beiden Seiten der Anmarschstraßen von den apokalyptischen Reitern der Hungersnot und des Todes begleitet, sind Millionen von Flüchtlingen aus dem Osten des ehemaligen Reiches und der Nachbarländer nach Bayern eingewandert, wie auch in andere Gebiete des deutschen Raumes. [...] Die staatliche Fürsorge hat, angesichts der wachsenden Not im kommenden Winter, an das bayerische Volk einen Aufruf gerichtet, um durch eine Landessammlung den aus dem Osten Ausgewiesenen mit Geld und Lebensmitteln, mit Kleidungsstücken und dem nötigsten Lebensbedarf zu Hilfe zu kommen [...] Mit Bedauern hört der Bischof der Erzdiözese, dass in der Frage Platzverteilung in den Kirchenbänken da und dort eine Spannung zwischen Einheimischen und Flüchtlingen entstanden ist. Bei uns in Südbayern ist es vielfach Sitte, die Plätze in der Kirche den einzelnen Familien oder einzelnen Personen durch Anschreiben ihrer Namen zu sichern. [...] Gewiss sollen die Flüchtlinge im Gotteshaus sich zu Hause fühlen und gerade durch den Gottesdienst mit den Einheimischen zu einer Gottesfamilie zusammenwachsen [...]. Um die Spannung zu lösen, die in der Frage der Kirchenstühle auftauchen und den Frieden des Gotteshauses stören könnte, wird der hochwürdige Pfarrer als Rektor der Kirche entweder in der Kirche einige Bänke für Flüchtlinge freihalten und kenntlich machen oder durch Anschlag bekannt geben: Die Plätze, die zwar auf den Namen eines Einheimischen lauten, bei Beginn des Gottesdienstes aber nicht besetzt sind, können von Flüchtlingen in Anspruch genommen werden.«[33]

4. KAPITEL

Zum Hamstern aufs Land

> Wir hatten ja nichts zu tauschen. Vater hat es einmal bei einem Bauern versucht – mit alten Nägeln, die er wieder gerade geklopft hatte. Aber die Bauern brauchten nichts mehr.
>
> *Gerhard Lange*

Um die katastrophale Ernährungssituation in den Monaten nach Kriegsende zu mildern, sahen schon die Beschlüsse der Potsdamer Konferenz eine deutliche Ausweitung landwirtschaftlicher Produktionsflächen vor. Das betraf nicht nur die ländlichen Agrargebiete, sondern auch Städte, die aufgefordert wurden, alle Möglichkeiten für den Anbau landwirtschaftlicher Produkte zu nutzen. Der Berliner Magistrat beschloss am 15. Oktober 1945 eine Brachland-Verordnung, in der alle geeigneten urbanen Flächen erfasst waren, und legte fest, was wo angebaut werden sollte. Parks, städtische Grünanlagen und Ruinengrundstücke wurden daraufhin als »Grabeland« an die Berliner Haushalte vergeben. Die Nutzer mussten sich verpflichten, alle Flächen für das Pflanzen von Gemüse und Hackfrüchten zu verwenden; überall entstanden neue Schrebergärten. Vor den Resten des Brandenburger Tors und um die Siegessäule herum säten, hackten und ernteten die Berliner. Jeder Quadratzentimeter Boden diente bald als Gemüsebeet oder Kartoffelacker; in Berlin-Wilmersdorf beispielsweise nahm das Bezirksamt im Frühjahr 1946 rund 50 000 Quadratmeter der öffentlichen Anlagen in Bewirtschaftung. Bald wurden Rote Rüben auf dem Olivaer Platz gezogen, Petersilie gedieh auf der Weißenseer Radrennbahn; die Innenfläche der Mariendorfer Trabrennbahn wurde parzelliert, Milchkühe fanden ihr Futter vor der Universität Unter den Linden, Schafe und Ziegen weideten im Charlottenburger Schlosspark. Allerdings blieben die Ernteergebnisse weit hinter den Erwartungen zurück. Es fehlte an Saatgut, Gartengeräten und vielen großstädtischen Neu-Gärtnern auch an der nötigen Erfahrung. Insgesamt erreichten die Erträge bei Möhren nur 30 Prozent, bei den Kohlsorten nur 20 Prozent, bei Sellerie und Tomaten gar nur 10 Prozent vom geplanten Ablieferungssoll – wobei die abgegebene Menge sicher nicht immer der gesamten Erntemenge entsprach. Dennoch konnte Berlin bis 1947 seinen Bedarf an Gemüse und Kartoffeln fast bis zur Hälfte aus eigener Produktion decken.[34]

In diesen Jahren erinnerte man sich auch wieder der wild wachsenden Pflanzen, zum Beispiel Brennnesseln, Löwenzahn, Sauerampfer und Spitzwegerich, die – zubereitet nach längst vergessenen Rezepten – nahrhafte Suppen und Salate ergaben. Die Deutschen wurden zu einem Volk von Sammlern. »Zurück zur Natur« lautete die Devise. Zu Abertausenden schwärmten die Menschen in die Umgebung der Städte, um Schlüsselblumen, Linden- und Kamillenblüten, Erdbeer- und Brombeerblätter für Tees mit nach Hause zu bringen. Im Herbst suchte man nach Esskastanien in den Wäldern, mühevoll aufgelesene Bucheckern ergaben geröstet und gemahlen einen Kaffee-Ersatz. Und in der Hoffnung auf eine gute Mahlzeit lockten natürlich die Pilze auch jene Großstädter, die sich damit nicht so gut auskannten, in die Umgebung. Der Hunger ließ alle Vorsicht vergessen. Allein im September 1946 meldete die Stadt Berlin 46 tödliche Pilzvergiftungen; normalerweise zählte man ein bis drei Fälle pro Jahr.[35]

»Zwei Personenzüge befördern täglich über 1000 Menschen nach Mecklenburg und zurück. Zwei Züge bringen täglich 600 bis 700 Zentner Kartoffeln mit, ausgetauscht gegen sorgsam verpackte Waschfässer, Tischlampen, Wäsche, Decken, Porzellan, ja, sogar gegen Radioapparate; Kartoffeln erworben für 10 bis 50 Pfennig das Pfund oder auch auf den Feldern gestoppelt. Ein Kollege unseres Statistikers, der in Buckerow, an der Strecke nach Fürstenberg, Dienst tut, weiß zu berichten, dass aus diesem Hamsterparadies täglich etwa 400 Zentner herausgeschleppt werden! Aus einem Ort! Aus der Provinz Sachsen führten die menschlichen Heuschreckenschwärme täglich 800 Zentner nach Berlin ein, und aus den Zügen, die von anderen Richtungen kommen, werden ebenfalls 500 Zentner durch die Sperren geschleust. Macht in summa summarum 2000 Zentner! Jeden Tag! Seit Juli! Es ist ein Skandal! Noch in den letzten Tagen ergoss sich der Strom der großen und kleinen Hamsterer über die Dörfer. Er verlangte umso mehr drakonische Maßnahmen zu seiner Eindämmung, als die Provinzialverwaltung Mark Brandenburg mit Betrübnis feststellen musste, dass zahlreiche Landkreise ihr Ablieferungssoll an landwirtschaftlichen Erzeugnissen noch keineswegs erfüllt haben. So ist es durchaus zu verstehen, wenn nunmehr die Provinzialverwaltung in einer dieser Tage ergangenen Anordnung einen verschärften Kampf gegen Hamsterer und Schwarzhändler angekündigt hat. Dass dabei vielfach wirklich Notleidende betroffen werden, ist sehr bedauerlich, aber leider nicht zu vermeiden.«[36]

Dieser Bericht eines Angestellten der Deutschen Reichsbahn, der seine Beobachtungen auf dem Stettiner Bahnhof in Berlin niederschrieb, verweist auf das unausweichliche, durch die Versorgungskrise ausgelöste Dilemma. Um überhaupt überleben zu können, musste jeder selbst sehen, wie er für sich und seine Familie etwas zu essen beschaffen konnte. Dass er damit gegen Gesetze und Verordnungen verstieß und schließlich die Allgemeinheit schädigte, spielte keine Rolle mehr, wenn Hunger die Alternative war. Hamsterfahrten wurden zur Massenerscheinung in den Nachkriegsjahren, der Hunger trieb die Städter in Scharen aufs Land in der Hoffnung, ihre letzte Habe gegen Essbares eintauschen zu können.

Mit dem einzigen Erinnerungsstück, das ihr vom Großvater geblieben war, einer goldenen Taschenuhr, ging die zwanzigjährige Inge Weßling aus Berlin-Hermsdorf im Oktober 1946 mit Mutter und Schwester auf Hamsterfahrt. Wie allen anderen war ihnen klar, dass man nie im Voraus wissen konnte, ob sich die Strapazen auch lohnen würden: das stundenlange Warten auf den überfüllten Bahnhöfen, der Kampf um einen Platz im Zug, verbunden mit der Angst, sich zu verlieren oder gar vom fahrenden Zug zu stürzen. Dann die Fußmärsche von Dorf zu Dorf, die erniedrigenden Verhandlungen mit den Bauern – und das alles, um vielleicht am Ende nur einen Rucksack Kartoffeln ergattert zu haben, von dem man noch nicht einmal wusste, ob man ihn noch in den übervollen Zug hineinbekommt oder damit sogar in eine Polizeikontrolle gerät. Kosteten die Strapazen bei Wind und Wetter nicht mehr Kraft, als man durch die mühsam erworbene Nahrung gewinnen konnte?

»Wir haben uns nicht gefragt, ob sich das lohnte oder

nicht, denn es blieb uns ja nichts anderes übrig. Da wir nichts zu essen hatten, mussten wir eben tauschen. Alles, was irgendwie entbehrlich war, haben wir gegen Essenwaren vertauscht. Meine Mutter stopfte mich und meine Schwester freitags in den Zug hinein, oft genug standen wir auch auf den Trittbrettern, und dann ging es raus aus Berlin, bis nach Prenzlau. Dort kannte Mutter eine Bäuerin, deren Mann noch in Kriegsgefangenschaft war. Mit der machte sie immer ihre Geschäfte. Für Opas Uhr gab es Kartoffeln und sogar was Frisches, ein paar Äpfel.«

Die Eisenbahn war das wichtigste Verkehrsmittel für die Hamsterfahrten, denn es kam darauf an, so weit wie möglich aufs Land hinauszufahren, um dort vielleicht der Hamster-Konkurrenz entgehen zu können. In Deutschland jedoch waren über 1300 Kilometer Eisenbahnstrecke und 2395 Eisenbahnbrücken völlig zerstört sowie 10 000 Lokomotiven, 112 000 Güter- und über 16 000 Personenwagen vernichtet.[37] In der britischen Besatzungszone beispielsweise gab es insgesamt nur 18 einsetzbare Züge. Die wenigen Züge für den Personenverkehr fuhren gänzlich unregelmäßig, ohne Fahrplan; es herrschte Chaos.

Wer also morgens mit dem »Kartoffelzug«, »Kalorienexpress« oder »Obstzug« fahren wollte, tat gut daran, sich schon in der Nacht davor an der Bahnsteigsperre einzufinden. Öffnete diese dann Stunden vor der erwarteten Ankunft des Zuges, brach eine Flut von Menschen los, die sich rücksichtslos boxend und tretend den Weg zu den Bahnsteigen bahnte. Die eintreffenden Züge wurden gestürmt, durch die Fenster hangelte man sich nach innen, um einen der wenigen Plätze auf den harten Holzbänken zu ergattern. Wem das nicht gelang, der stand in den Gängen und Toiletten, und wer dort keinen Platz mehr fand, der hing außen am fahrenden Zug, auf den Trittbrettern, zwischen den Puffern, ja sogar auf den Waggondächern, was vor allem bei tunnelreichen Strecken zur Mutprobe wurde.

Obwohl diese Art der Lebensmittelbeschaffung die Rationen-Wirtschaft unterlief und illegal war, wurde Hamstern zur Notwendigkeit. »Wer hamstert, gehört ins Zuchthaus, wer nicht hamstert, ins Irrenhaus!«, hieß es. So machten sich allein im Juli 1946 vom Münchener Hauptbahnhof aus 1,1 Millionen Menschen auf die verzweifelte Suche nach Essbarem. Das Risiko, vielleicht das mühsam erkämpfte Gut wieder loszuwerden, nahmen sie alle in Kauf. Bei Polizeikontrollen wurden denen, die keine Bezugsberechtigung hatten, die Waren abgenommen und dem Ernährungsamt übergeben. Besonders streng ahndete man die Verstöße noch 1945, im Jahr darauf führte die stetige Verschlechterung der allgemeinen Ernährungslage in den meisten Städten zu einem moderateren Umgang mit den Bestimmungen.

Das Leipziger Polizeipräsidium wies darauf hin, dass die Beschlagnahme kleinster Mengen von Lebensmitteln, die sich der Einzelne der Not gehorchend vom Lande holte, bei der Bevölkerung große Verärgerung hervorrufe.[38] In der sowjetisch besetzten Zone versuchte man dann auch verstärkt mit Mitteln der Propaganda, die Menschen vom illegalen Handel abzuhalten. Im *Augenzeuge,* der im Februar 1946 von der neu gegründeten Deutschen Film AG (DEFA) ins Leben gerufenen Kino-Wochenschau der SBZ, hörte das Publikum zu Filmbildern von Arbeitern auf dem Weg zur Fabrik dann den pädagogisch gut gemeinten, aber wahrscheinlich nicht sehr wirkungsvollen Kommentar: »Eine

Besserung unserer Lage kann nur durch die gemeinsamen Bemühungen, durch die tägliche Arbeit von Millionen erfolgen. Millionen Werktätige der Großstädte aber sind nicht ausreichend ernährt«, und zu Bildern herumlungernder, auf Lkws und Züge aufspringender Hamsterer: »So geht Tag für Tag ein Strom von Menschen aufs Land, mit Lastwagen, zu Fuß, mit Fahrrädern, auf der Suche nach etwas Essbarem. Für den Einzelnen, der an einem freien Tag nur für sich und seine Familie die Tour aufs Dorf unternimmt, ist dies eine fragliche Chance, seine Ernährung zu verbessern. Für die Ernährung der Allgemeinheit jedoch birgt dies eine gewaltige Gefahr. Eines ist nämlich ganz gewiss: Mehr Nahrung entsteht auf diese Weise nicht. Und auch nicht mehr Industrieprodukte, die gegen Nahrungsmittel exportiert werden können. Von den Werktätigen der Großstädte erwarten wir, dass sie die Industrie wieder leistungsfähig machen. Sie ihrerseits erwarten von den Bauern, dass diese Nahrung für Stadt und Land schaffen.«[39]

Im Unterschied zur Entwicklung in den Westzonen erlitt die Landwirtschaft der SBZ als Folge der im September 1945 durchgeführten Bodenreform im Jahr 1946 einen erneuten Rückschlag: Unter der Losung »Junkerland in Bauernhand« waren alle Bauern mit einem Landbesitz von über 100 Hektar sowie der Grundbesitz von Kriegsverbrechern und aktiven Nationalsozialisten entschädigungslos enteignet worden.[40] Etwa 32 Prozent der landwirtschaftlich genutzten Fläche wurden in Parzellen von 0,5 bis 8,5 Hektar aufgeteilt und Neusiedlern – darunter sehr viele Flüchtlinge – übergeben. Die häufig nur mangelhaft mit landwirtschaftlichem Gerät ausgerüsteten und zum Teil unerfahrenen Neubauern konnten bei weitem nicht die von ihnen erwarteten Erträge erwirtschaften.

Daher waren die erfahrenen und effizient wirtschaftenden »Altbauern« mit ihren guten Vorräten dann auch im illegalen Hamstergeschäft aktiv. So zeigte der DEFA-*Augenzeuge*, wie alteingesessene Bauern von Städtern Nähmaschinen, Radioapparate, stangenweise Maßanzüge und feine Damengarderobe entgegennahmen, um sie im Anschluss gegen Säcke voller Kartoffeln aufzuwiegen. Der Kommentator des propagandistischen Mediums der im April 1946 gebildeten Sozialistischen Einheitspartei Deutschlands (SED) sprach dazu die warnenden Worte: »Kein Bauer hat das Recht, nur für den eigenen Magen, für den eigenen Kleiderschrank oder für die Stubeneinrichtung anzubauen. Der *Augenzeuge* sieht in dieser Zeit zwei Sorten Menschen in Stadt und Land: diejenigen, die sich mit ehrlicher Arbeit, auch unter schwierigen Bedingungen plagen, und andere, die sich seit Jahren vor einer Arbeit drücken, die organisieren, die auf dem schwarzen Markt Geschäfte machen und die soziale Not vergrößern. Diebstahl der Saatkartoffeln kann durch nichts beschönigt werden, sondern ist ein abscheuliches Vergehen an der Ernährung für die Allgemeinheit. Und alle gehamsterten und mühselig herbeigeschleppten Säcke sollten besser in einem Waggon in die Stadt transportiert, ohne Wucherpreise abgeliefert und verteilt werden. [...] Das Ablieferungssoll [des einzelnen Bauern] ist das Mindestmaß seiner Leistungen. Während sich ungezählte Neusiedler um die Einhaltung dieser Leistung ohne fremde Hilfe bemühen, gibt es gewissenlose Elemente, die nur an die eigene Nahrung und an den Profit denken.«[41]

Die Höhe des Abgabesolls eines Bauern betrug im Durchschnitt die Hälfte einer Normalernte, bei Nichterfüllung konnte der Bauer mit einem Gerichtsverfahren oder sogar der Zwangsverpachtung des Hofes rechnen. Hatte er mehr als die Sollmenge eingebracht, verblieben ihm die sogenannten »freien Spitzen«, also die Differenz zwischen Abgabesoll und Ernte, für die Selbstversorgung oder den freien Markt.[42]

Aufrufe an die Bevölkerung, der staatlichen beziehungsweise örtlichen Verteilung zu vertrauen, mussten wirkungslos bleiben angesichts einer immer schlechter werdenden Versorgung. Ohne das »Organisieren« von Lebensmitteln konnte niemand überleben. Viele standen verzweifelt vor der Wahl, entweder arbeiten zu gehen oder sich um die Beschaffung von Lebensmitteln zu kümmern – damit aber die Arbeitsstelle zu riskieren sowie in der Folge eine Herabstufung in der offiziellen Lebensmittelzuteilung. Über solche absurden Alternativen riss man auch Witze: »Der Meier scheint ja gut dran zu sein, der kann es sich erlauben, jeden Tag zur Arbeit zu gehen.«[43]

Auch die damals vierundzwanzigjährige Helene Bornkessel aus Hamburg hatte den Druck des Arbeitgebers erlebt: »Ich wollte es mit einer Kollegin mit dem Hamstern versuchen. Wir hatten zwar nichts zu tauschen, es war einfach gebettelt, aber wir brauchten ja was zu essen. An dem Sonnabend konnten wir dann natürlich nicht in die Firma gehen. Wir fuhren mit dem Zug aufs Land, in die Heide, und sind zu den Bauern gegangen. Gelohnt hat es sich nicht: Nachher hatte jeder von uns eine Hand voll Kartoffeln und am Montagmorgen gab es bei der Arbeit natürlich ein Riesentheater. Wir hätten die Arbeit verweigert, hieß es. Aber wir sagten: ›Wir brauchen doch was zu essen, wenn wir arbeiten sollen!‹«

Richtlinien für den Tauschhandel zwischen Stadt und Land gab es keine. Wie viel es für die goldene Uhr des Großvaters, das Meißner Porzellan oder den echten Perserteppich an Schinken, Wurst, Käse, Eiern, Gemüse oder Kartoffeln herauszuholen gab, hing oft vom Verhandlungsgeschick beziehungsweise vom guten Willen der Bauern ab.

Der heute zweiundsiebzigjährige Günther Kammeyer erinnert sich an eine Hamstertour, die er mit seinem Bruder Klaus von Hamburg aus nach Schleswig-Holstein unternommen hatte. Die Brüder erlebten die tägliche Jagd nach Nahrungsmitteln als Abenteuer, ein Spiel, einen Beutezug, der sie in immer neue Gegenden führte. Nach stundenlangem Fußmarsch gelangten sie an einen einsam gelegenen Bauernhof, auf dem jedoch ein riesiger Schäferhund seine Runden drehte. »Der war an einer Laufleine oben befestigt, mit einem Rad, und lief immer von links nach rechts und verbellte alles.« Klaus wollte es auf alle Fälle wagen, denn »wo so ein Köter Wache schiebt, da gibt es was zu holen«. Er hatte die Idee, das Tier abzulenken, und überredete seinen Bruder Günther, über den Zaun in die »Höhle des Löwen« zu klettern und bis zum Bauernhaus zu laufen, immerhin 20 bis 30 Meter. – Da half es Günther auch nicht, sich mit Händen und Füßen zu wehren; mit seinen zwölf Jahren war Klaus der Ältere und hatte das Sagen.

Klaus rannte los, außen am Zaun entlang, lief schreiend auf und ab, provozierte den Hund mit großen wirren Armschwüngen. Der Hund geriet außer Rand und Band, bellte wie verrückt und fletschte die Zähne. Er verfolgte Klaus, immer am Zaun entlang – und immer weiter von Günther fort, der am anderen Ende auf seinen Einsatz wartete und nach dem Kommando seines Bruders über den Maschendraht kletterte. Das Bauernhaus ein gutes Stück vor sich, rannte der Zehnjährige los. Er lief … lief … lief – plötzlich rutschte er aus und fiel in den Matsch!

Klaus, am anderen Ende des Zauns, blieb das Herz stehen. Auch der Schäferhund hielt plötzlich inne: »Klaus schrie den Hund urplötzlich an, mit aller Kraft. Er musste ihn doch von mir ablenken!«

Der Hund reagierte sofort und ging wieder auf Klaus los. Günther rappelte sich auf und erreichte schließlich die Haustür.

Der Bauer konnte kaum glauben, was er sah: ein Hamsterer auf seinem Grundstück! »›Das gibt's doch nich!‹ Der guckte mich an, konnte das nicht begreifen, wie ich durchgekommen bin: ›Wie bist du denn hier rinkom?‹ – Er war erstaunt, irgendwie auch begeistert, dass wir so pfiffig waren, so plietsch, wie wir sagen in Hamburg. ›Und nu …? Wat wollt du hebben?‹ – Ich sag: ›Was kann ich kriegen? Ich hab hier ein bisschen Geld …‹ – ›Jo …‹, sagte der Bauer, ›… werden wir mal sehen.‹«

Er drückte Günther ein Päckchen in die Hand. Günther fühlte mit dem Daumen nach. – Der Inhalt war weich. Ein Stück Fleisch! »Ein Stück Fleisch, und dann auch noch gut zwei Kilogramm, wann hat es das schon mal gegeben?«

Die großen Unterschiede in der Versorgung führten vielfach zu einer sich vertiefenden Kluft zwischen der Stadt- und Landbevölkerung. Auf die Hungernden, die zu Tausenden in die Dörfer kamen, reagierten zwar einige der Bauern verständnisvoll und gaben ihre Schätze bereitwillig, bisweilen sogar kostenlos ab, die anderen aber verlangten horrende Preise wie auf dem Schwarzmarkt. Das böse Wort von den »Teppichen im Kuhstall« machte die Runde.

Thea Merkelbach war damals acht Jahre alt. Ihre Mutter tauschte ihre gesamte Aussteuer, die Kristallgläser, das Porzellan, die Damastwäsche, gegen Lebensmittel bei den Bauern ein. »Es hat ihr fast das Herz gebrochen. Abgesehen davon war es zu dieser Zeit schon gar nicht mehr so einfach, die Sachen eingetauscht zu bekommen, denn aus dem ganzen Ruhrpott kamen die Leute in die Eifel, um ihre Sachen gegen Essen zu tauschen: Die Bauern hatten schon alles. Ich und mein älterer Bruder gingen im ganzen Dorf von Haus zu Haus, wo die reichsten Bauern wohnten, und boten Einmachringe an, die hatten wir von unserer Tante bekommen. Wir kamen in die Küche eines Bauernhauses, da saß eine dicke Frau und schälte Kartoffeln, sie sah abschätzig auf unsere Einmachringe und sagte: ›Wir brauchen nichts – wir haben alles!‹ Ich war völlig fertig. Ich wollte nicht mehr zu den Bauern, lieber verhungern. Einmal fragte meine Mutter bei einem Milchbauern, der hatte zehn Kühe, nach etwas Milch. Die Bäuerin war gerade am Backen. Das Gebäck war ihr zu dunkel und hart geraten, deshalb wollte sie es den Schweinen geben. Meine Mutter bat um ein paar Teile – ›Geben Sie's doch mir, bevor es die Schweine bekommen!‹ Das tat die Bäuerin dann auch. Von alleine wäre sie nicht draufgekommen.«

Der elfjährige Martin Schneider und seine neunjährige Schwester aus Lübbenau im Spreewald mussten nicht nur sich selbst, sondern auch die kranke Mutter mit über die

Runden bringen. Zu tauschen hatten die beiden Kinder nichts: »Und da haben wir gesagt, da bleibt nichts anderes übrig, da müssen wir betteln gehen.«

Zur Mittagszeit erreichten die Kinder einen Hof, wo die Bauernfamilie bei Tisch saß. Dort gab es von allem: Braten mit Rotkohl und Klößen, Krautsalat mit Zwiebeln, Bier und sogar Limonade. Der Bauer packte die beiden und übergab sie der Magd mit dem Hinweis, sie möge die Kartoffelschalen, die noch in der Küche lägen, nehmen, auf den Misthaufen werfen und dort, dort sollten die Kinder sich dann satt essen dürfen. »Das war für mich so deprimierend, dass ich mir gesagt habe: ›Nie wieder gehst du betteln, lieber machst du alles andere, nur das nicht.‹ Das nächste Mal zogen wir mit unseren Spielsachen los. Als der Bauer sah, womit wir daherkamen sagte er: ›Wenn ihr noch einen Teppich für den Kuhstall habt, das wäre das Richtige, das könnten wir noch nehmen, mehr brauchen wir nicht mehr.‹ Um sieben in der Früh waren wir losmarschiert, und als wir abends zu Hause waren, hatten wir gerade einmal zwei Schnitten Brot erhamstert.«

Wolfgang Herchner aus Blankenese sah auch die andere Seite: »Ich habe mehr als einmal mitbekommen, wie die Hamsterer aus der Stadt buchstäblich wie die Heuschrecken aufs Land einfielen. Sicherlich, die Menschen aus der Stadt hatten Hunger. Aber es kam zu wirklich tumultartigen Szenen auf den Höfen. Besonders am Wochenende war da ja die reinste Invasion auf dem Land. Außerdem wurden die Bauern auch bestohlen und zum Teil ganz massiv! Da gab es Felder, die wurden halb umgegraben, weil dort Kohlköpfe oder Mohrrüben angebaut waren.«

In diesen Tagen des Mangels verschwanden aus den Koben ganze Schweineherden spurlos; unbekannte Täter schlachteten den Bauern des Nachts das Vieh in den Koppeln, so dass sich morgens noch nicht einmal mehr die Innereien der Tiere auffinden ließen – die Not fraß buchstäblich alles weg. Auch die Bauern selbst schlachteten schwarz; und sogar jene, die bislang ein Schwein nur von weitem gesehen hatten, wie der Schriftsteller Siegfried Lenz, der eine solche Begegnung mit den Gesetzesbrechern auf dem Lande schildert:

»Das Erste, was ich in der Küche entdeckte, entdecken musste, war der Sarg. Es war kein neuer Sarg, doch tadellos erhalten, mit Messingleisten beschlagen. Er stand halb unter dem Tisch, und ich sah, dass die Politur beschlagen war von Küchendämpfen. – Ich sagte: ›Herzliches Beileid. Wen hats denn bei euch erwischt?‹ Er lächelte kummervoll. ›Unsere Oma‹, sagte er. ›Sie stirbt jede Woche einmal, jeden Dienstag.‹ – ›Ist der Sarg gefüllt?‹, fragte ich. – ›Heute ist nicht Dienstag‹, sagte er.

Jeden Montag erwarteten wir voller Ungeduld den Landfriseur, der auf seinem Fahrradanhänger ein halbes Dutzend Ferkel hereinbrachte, die wir in die Küche meines Kumpels hinauftrugen. Mein schmächtiger Kumpel schlachtete sie. Ich rasierte die Tierchen in der Waschbalge, in der kurz vorher das pausbäckige Baby gebadet worden war. Nach der Borstenrasur folgte das Tranchieren: ein strenger Geruch erfüllte die Küche, die Fenster beschlugen, Dampf hüllte uns ein, während ich schlitzte, säbelte und hackte. Das blonde Mädchen mit dem fettigen Haar kochte Kaffee, drehte Zigaretten, die sie uns zwischen die Lippen schob, kontrollierte die Straße und lauschte an der Tür zum Treppenhaus, und sobald eines der rosigen Ferkel zerlegt war, pfiff ich, worauf sie zu uns kam und die portionsgerechten Stücke im Sarg verstaute. Manchmal, mitten in der Nacht, in unserer hektischen Arbeit, begann das kräftige Baby zu schreien, so schrill, so durchdringend, dass ich fürchtete, die ganze Stadt würde davon aufwachen; darauf trug das Mädchen ihr schreiendes Baby herein, und der pausbäckige Kerl beruhigte sich erst, wenn er einen Ringelschwanz oder ein Ferkelohr zum Spielen bekam. Ja, ich sah ihn noch rittlings auf der bemerkenswerten Hüfte seiner Mutter sitzen, ein Schweinsohr zwischen den krummen, kleinen Wurstfingern, das er wie Buntpapier auseinanderzog und dadurch anzublicken versuchte und winzige, irre Schreie des Entzückens ausstieß.«[44]

Wolfgang Herchners Vater war im Oktober 1946 Pächter einer Niederwildjagd im Holsteinischen und kam auf diese Weise an Frischfleisch. Obgleich nach dem Krieg jeglicher Waffenbesitz und auch das private Jagen bei Strafe verboten waren, hatten die Bauern und auch Wolfgang Herchners Vater schon bald ihre im Wald versteckten Jagdwaffen wieder ausgegraben. Als Arzt stand Wolfgang Herchners Vater jeden Monat eine Zuteilung von 25 Litern Benzin zu; er musste mit einem großen schwarzen »A« – für Arzt – an der Windschutzscheibe fahren. Vater und Sohn hatten die Erfahrung gemacht, dass auch die Bauern gerne Wild aßen, und so einen schwunghaften Tauschhandel mit dem begehrten Wildbret in Gang gebracht. Auf den vielen ärztlichen Dienstfahrten mussten sie allerdings immer mit Straßensperren von Seiten der deutschen Polizei oder der Briten rechnen. Schmuggelware – besonders die streng rationierten Lebensmittel – wurde in diesen Zeiten generell beschlagnahmt, darüber hinaus auch das Auto. Die Fahrer landeten im Gefängnis. Eine dieser riskanten Touren hat Wolfgang Herchner noch in sehr guter Erinnerung: »Schon auf der Hinfahrt passierten wir mehrere Straßensperren. Uns war ziemlich mulmig zumute. Gerade an dem Tag aber zeigten sich die Bauern besonders großzügig. Neben einem Rehbock, zwei Hasen und einem Kaninchen hatten wir einen Zentner Kartoffeln, Gemüse, Milch, Eier und Butter geladen. Vaters kleines Auto, der Adler Trumpf Junior, war randvoll. ›Wenn die uns mit der Ladung erwischen‹, meinte Vater, ›dann kannst du mich die nächsten Monate im Knast besuchen, und das zu Fuß!‹ ›Wir müssen versuchen, unterwegs einen Engländer mitzunehmen‹, war meine Idee. – Mein Vater holte seinen Notkoffer hervor und fing an, mich kunstvoll an Kopf und Arm zu verbinden. Etwas Hasenblut in den Verband geschmiert ließ das Ganze überzeugend echt aussehen. Ich musste mich im Fond des Wagens hinknien. Anstelle der Rückbank lagen der Zentner Kartoffeln mit einer Wolldecke getarnt und direkt dahinter der tote Rehbock.« Wie für Vater und Sohn bestellt, stand schon bald ein junger britischer Offizier an der Straße und winkte mit dem Daumen. Der Offizier wollte auch in die Stadt, gemeinsam ging die Fahrt weiter.

»Mit einer meinem stark verletzten Zustand entsprechenden Leidensmiene radebrechte ich mit meinem bisschen Schulenglisch etwas von Unfall, der Fahrer Arzt und wir auf dem eiligen Weg ins Hospital. Teilnehmend sah er mich an und gab uns beiden eine Zigarette. Und es kam, was kommen musste, eine englische Straßensperre. Der Offizier stieg aus, salutierte und berichtete in kurzen Worten, dass es sich um einen eiligen Verletztentransport ins Krankenhaus handele. Während dieses Palavers hing ich schweißnass vor Angst über den Kartoffeln und dem toten Rehbock dahinter. Endlich durften wir unkontrolliert passieren. Der Offizier stieg in Altona aus. Als Trost für den leidenden Kranken drückte er mir noch die angebrochene Schachtel ›Senior Service‹-Zigaretten in die unverletzte Hand und verabschiedete sich höflich dankend von uns.«

Diebstahl gehörte zu den notwendigen Übeln dieser Tage, in großen Kartoffel-Anbaugebieten musste deshalb sogar die Polizei Äcker mit den Saatkartoffeln bewachen. Von Gewissensbissen aber wurde in der Nachkriegszeit niemand satt, eine Erfahrung, die auch die achtjährige Edith Mischke machte: »Wir sind als ehrliche Leute groß geworden, meine Eltern waren ehrlich, wir Kinder wurden ehrlich erzogen. Aber durch die Flucht und durch die Not ist man dann so geworden. Man fing an zu lügen und zu klauen. Ob durch den Zaun ein paar Äpfel oder wie mein Vater die Hühner von unserem Bauern – man klaute eben plötzlich. Meine zwei Brüder und ich, wir haben beim Bauern Kartoffeln gestoppelt. Man lief dem Pflug hinterher und sammelte die Kartoffeln auf. Und da hat man natürlich immer ein paar fallen gelassen, so dass es sich am Abend auch gelohnt hat, wenn wir noch einmal hingegangen sind. Zum Nachstoppeln eben. Da haben wir dann ab und zu noch einen Sack voll gekriegt.«

Hannelore Hahn aus Köln erinnert sich an ein eindrückliches Erlebnis mit ihrem dreizehnjährigen Bruder: »Einmal bin ich mit Helmut zum Konsum gegangen. Da war gerade der Lieferwagen mit den frisch gebackenen Broten angekommen; einer lud schon aus, die Brote laibweise auf den Armen gestapelt – der Brotgeruch hat uns fast wahnsinnig gemacht, aber schon so viele Leute warteten, dass ich zu Helmut sagte: ›Komm, lass uns gehen, das hat keinen

Sinn.‹ Doch plötzlich springt mein Bruder auf den Lkw, schnappt sich ein Brot und haut ab. Ich war wie vom Donner gerührt, entsetzt: Mein Bruder hatte gestohlen! Ich ging ganz langsam weg, damit ich nicht auffiel.«

Als sie nach Hause kam, saß ihr Bruder weinend am Küchentisch. »Er war ganz verzweifelt: ›Ich hab gestohlen, ich geh gleich morgen zur Beichte‹, sagte er immer wieder. Ich sah auf dem Tisch das Brot liegen – das war nicht ein Brot, sondern es waren zwei! Aneinandergebacken! Da hab ich meinem Bruder verboten, zur Beichte zu gehen: ›Das ist göttliche Vorsehung‹, sagte ich, ›wenn Gott es will – so es ihn dann gibt –, dann passiert das auch!‹«

Hannelore Hahn war dabei, als am 31. Dezember 1946 der Kölner Erzbischof Joseph Kardinal Frings in seiner Silvesterpredigt in der Kirche St. Engelbert kleine Diebstähle der Hungernden und Frierenden rechtfertigte. Man könne es dem Einzelnen nicht verwehren, so sprach der Kardinal von der Kanzel, das Dringendste zur Erhaltung von Leben und Gesundheit zu nehmen, wenn er es durch Arbeit und Bitten nicht erhält. Frings forderte dazu auf, nicht mehr zu nehmen, als der Einzelne für sich selber brauchte, und legte damit einen Maßstab an, der zum ersten Mal wieder eine Orientierung ermöglichte. »Fringsen« wurde bald zum geflügelten Wort, wenn es um das »Organisieren« von Kohle und Nahrung ging.[45]

Dass auch für Menschen, denen Ehrlichkeit bis dahin als Tugend galt, Diebstahl zur Normalität wurde, war Ausdruck großer sozialer Not, die zunehmend eine Auflösung der bis dahin gültigen Regeln zur Folge hatte.

Wilhelm Müller, im Oktober 1946 neunzehn Jahre alt,

half allabendlich seinem Vater, der Richter am Herforder Amtsgericht war, beim Abtippen seiner Gerichtsurteile: »Diebstähle hab' ich sehr viele in Erinnerung. Viele, ganz viele begangen von Leuten aus sozial hochstehenden Schichten, richtig bürgerlichen Schichten. Aber die sahen keinen anderen Ausweg, um für ihre Familie Verpflegung, Kleidung, Schuhwerk zu bekommen. Vater hat in seinen Urteilen grundsätzlich den Menschen gesehen und erst in zweiter Linie den Paragraphen.«

Martin Müller, Wilhelms Vater, war aktiver Antifaschist gewesen und wurde nach dem Krieg von der britischen Besatzungsmacht wieder als Amtsrichter eingesetzt. »Nach dem Grauen der Nazizeit und der Kriegszeit galt der Mensch wieder erheblich mehr, und jede Strafe sollte eigentlich helfen, ihn wieder auf einen guten Weg zu bringen. Ich erinnere zum Beispiel den Fall einer Frau, die wegen Einbruchs in einen britischen Güterzug angeklagt war. Sie hatte für ihre zwei kleinen Kinder nichts mehr zu essen und wusste sich einfach nicht mehr anders zu helfen. Sie brach einen Waggon auf und wurde dabei erwischt. Nach damaligem Recht hätte sie mindestens zweieinhalb Jahre Gefängnis kriegen müssen. Aber Vater hat diese Frau nur zu einem halben Jahr Gefängnis verurteilt. Und zwar in einer Mutter-Kind-Anstalt. Ich weiß noch, wie der letzte Satz seiner Urteilsbegründung lautete: ›Und aus diesem Grunde war in diesem Falle das Gesetz nicht anzuwenden.‹ Es war eine tolle Sache damals, dass man nach diesem starren Pseudo-Justizkrempel der Nazizeit jetzt endlich wieder einmal den Menschen sehen durfte.«

Der Herforder Amtsrichter Martin Müller setzte sich für eine neue, demokratische Rechtsprechung ein, bei der auch die individuellen Bedingungen des Angeklagten eine Rolle spielten. Einige seiner Zeitgenossen jedoch schienen der Annahme zu sein, in dieser Umbruchszeit sei alles erlaubt, auch die Rechtsbeugung: »Eines Abends schellte es bei uns in der Steinstraße, wo wir wohnten. Ich ging runter und sehe noch gerade einen Mann weglaufen, rufe hinterher, was denn los wäre. Ja, das könne ich lesen, da wäre ein Sack und den sollte ich mal mit raufnehmen. Und wie ich oben bin mit dem Sack und gucke rein, da ist in dem Sack ein riesiges Huhn. Geschlachtet. Vater las den beiliegenden Brief und erregte sich sogleich. Er sollte wohl bestochen werden, denn der Bruder des Überbringers saß in Untersuchungshaft, und mein Vater musste über ihn am nächsten Tag das Urteil sprechen. Ich fragte mich: Was wird Vater jetzt tun? – Ich kriegte dann den Auftrag, dieses Huhn zu nehmen und in das nahe gelegene Krankenhaus zu bringen.«

Hühner lebten in den Nachkriegsjahren normalerweise recht lange: »Lieber täglich ein Ei als einmal eine Hühnersuppe!«, an diesen Spruch erinnert sich Inge Kotsch aus Berlin-Hermsdorf. »Bevor der erste Schnee fiel, hatten wir auch noch Hühner. Nachts mussten sie in den Keller, sonst wären sie gestohlen worden, und tagsüber waren sie im Garten, an den Krallen unten festgebunden und immer nur bewacht von Opa. Wir haben damals, in diesem kalten Oktober '46, nicht geahnt, dass wir uns schon sehr bald aus dem Hühnerfutter selber eine Suppe machen mussten, damit wir nicht verhungerten.«

5. KAPITEL

Lucky Strikes contra Reichsmark

> Meine Mutter musste auf dem Schwarzmarkt das schöne Fernglas meines Vaters eintauschen – es war ein Andenken. Sie bekam dafür ein halbes Pfund Butter.
>
> *Erich Zenker*

»Wie zufällig standen sie zusammen: kleine, zwanglose Gruppen. Scheinbar lässig. Man konnte meinen: höchst uninteressiert. Aber es waren Händler und Kunden: rosige, wohlgenährte Gesichter mit einer aromatisch duftenden, ausländischen Zigarette im Mundwinkel. Gegenüber: Ausgemergelte, Abgehärmte. Gesprochen wurde nicht viel. Ab und zu fiel eine Zahl, dann folgte entweder ein leichtes Kopfschütteln oder die nickende Zustimmung. Die beiden Handelseinigen verschwanden dann etwas abseits, tauschten hastig Ware und Gegenleistung aus und standen Minuten später schon wieder bei anderen Gruppen, um dort ein neues Geschäft zu machen.

Was wurde angeboten und welche Preise wurden gezahlt? – Da waren Zigaretten und Bohnenkaffee, Brot und Benzin, Uhren und Schnaps, Fleisch und Lebensmittelkarten. Preise wurden gefordert bis zum hundertfachen tatsächlichen Wert. Das Publikum setzte sich aus allen Schichten der Bevölkerung zusammen, vom berufsmäßigen Schwarzhändler bis zur armseligen Arbeiterfrau, die, um den Hunger ihrer Kinder zu stillen, die karge Zigarettenzuteilung ihres Mannes gegen Brot eintauschte. Vor der ›Polente‹ schien man keine Angst zu haben.«[46]

Der Schwarzmarkt war faktisch zur bedeutendsten ökonomischen Institution in allen Besatzungszonen geworden – zum Überleben unentbehrlich für die meisten Deutschen, gern genutzt von Angehörigen der Besatzungsmächte. Hier wurde Ware gegen Ware getauscht oder zu zum Teil astronomischen Reichsmarkpreisen ge- oder verkauft.

Siegfried Lenz erinnert sich an seine erste Begegnung mit dem Schwarzmarkt: »War das der Markt, den ich erträumt hatte? Wo war das Geheimnis, wo der Vorteil? Und wie erfolgte der Handel? Aufmerksam ging ich weiter, und dann, ja, dann merkte ich es: ich hörte die Vorübergehenden leise sprechen, es klang wie Selbstgespräche, so dass ich an Kinder denken musste, die, wenn man sie zum Einkaufen schickt, unaufhörlich wiederholen, was sie mitbringen sollen: ›Einen Liter Milch, einen Liter Milch ...‹, auch die Leute, die sich hier gelassen aneinander vorbeischoben, wiederholten unaufhörlich denselben Spruch, als fürchteten sie, sie könnten ihr Stichwort vergessen. Ich hörte genau hin, hörte Stimmen, die im Vorbeigehen ehrgeizlos flüsterten: ›Brotmarken‹ oder ›Nähgarn‹, hörte eine Frau, die mit gesenktem Blick nur ein einziges Wort sagte: ›Marinaden ... Marinaden ...‹, ein Greis murmelte ›Bettzeug‹, ein rotgesichtiges Mädchen: ›Amis!‹ – Jede Stimme empfahl ehrgeizlos etwas anderes: ›Schuhe‹, ›Fischwurst‹, ›Stopfnadel‹, ›Uhren‹, ›Schinken‹, ›Kaffee‹ und ›Eipulver‹. – Niemand gab sich aufdringlich, marktschreierisch –, wie wohltuend war doch die Diskretion meines Marktes. Ich empfand, während ich leise ›Sahnelöffel‹ zu flüstern begann, die tiefere Bedeutung dieses Vorgangs: die Nachfrage übertraf das Angebot bei weitem, der Mangel triumphierte, bestimmte den Kurs, und die Zeitgenossen bewiesen, dass sie dem Mangel gewachsen waren.«[47]

Etwa 300 Reichsmark betrug das Monatseinkommen eines Arbeiters. Dies reichte nicht zum Leben und nicht zum Sterben. Mit den regulären Zuteilungen von Nahrung durch Lebensmittelkarten kam niemand aus. Wer dauerhaft nach Recht und Gesetz leben wollte, war oft vom Hungertod bedroht. Auch unbescholtene Bürger waren in diesen Tagen gezwungen, mit den vielen kleinen und großen hauptberuflichen Schiebern auf dem Schwarzmarkt Beziehungen zu knüpfen.

Schwarzmarktpreise in Hamburg vom 20. April 1946

1 Pfund Butter	240 bis 250 Reichsmark
1 Pfund Speck	200 Reichsmark
1 Pfund Fleisch	60 bis 80 Reichsmark
1 Pfund Zucker	70 bis 90 Reichsmark
1 Pfund Mehl	30 Reichsmark
3 Pfund Brot	25 Reichsmark
1 Bückling	5 Reichsmark
1 deutsche Zigarette	2,50 bis 3 Reichsmark
1 belgische Zigarette	4 Reichsmark
1 englische Zigarette	5,50 Reichsmark
1 amerikanische Zigarette	6 Reichsmark

1 Herrenanzug	1000 Reichsmark
1 Damenkleid	800 Reichsmark
1 Paar Strümpfe	300 Reichsmark
1 Paar Herrenschuhe	750 Reichsmark
1 goldener Trauring, 333	100 Reichsmark
1 Brillant, 1 Karat	15 000 bis 20 000 Reichsmark
1 Brillant, 3 Karat	40 000 bis 50 000 Reichsmark
1 Perserteppich, nach Größe	3000 bis 50 000 Reichsmark
1 Schreibmaschine	4000 bis 5000 Reichsmark
1 Fotoapparat Leica	40 000 Reichsmark
1 goldene Uhr	10 000 Reichsmark
1 Opel, 6 Zylinder oder	
1 Wanderer 1,7 Liter	18 000 bis 22 000 Reichsmark
1 Liter Benzin	5 Reichsmark
1 Ampulle Insulin	400 Reichsmark[48]

Dass auch der Schwarzmarkt marktwirtschaftlichen Gesetzen folgte, zeigte sich im Auf und Ab der Preise, die zum Beispiel stiegen, wenn die Zuteilungen sanken.

Schwarz gehandelt wurde überall – in Großstädten wie Hamburg rund um die Reeperbahn, in München in Bogenhausen oder im berüchtigten Bahnhofsbunker von Hannover. Auch die kleineren Städte hatten ihre Plätze und Wohnungen. Walter Neuber, Jahrgang 1933, beobachtete in Osnabrück: »Der Schwarze Markt wanderte; er war immer an anderen Stellen; eine große Heimlichtuerei; alle hielten ihre Ware unterm Mantelschoß versteckt; ich habe die Gitarre meiner Schwester eingetauscht – das große Ding war schwer zu verbergen. Da gab es Leute, die machten ein Vermögen mit dem Schwarzmarkt.« Bezahlt wurde statt mit

Geld meistens mit Zigaretten – der »Lucky-Strike-Währung«; auch Nägel hatten einen hohen Wert. Man kehrte zu einem primitiven Tauschhandel zurück.

Manche Leute tauschten so lange, bis sie mehr besaßen als vorher; das nannte man »kompensieren«: »Einem hungrigen Freund wurde ein Pfund Butter für 320 Reichsmark angeboten. Er nahm sie auf Kredit, weil er so viel Geld nicht hatte. Er wollte sie tags darauf bezahlen. Ein halbes Pfund von der Butter bekam seine Frau. Mit dem Rest gingen wir ›kompensieren‹. In einem Tabakladen gab es für das halbe Pfund 50 Zigaretten. Zehn Stück behielten wir für uns, mit dem Rest gingen wir in eine Kneipe. Wir rauchten eine Zigarette, und das Geschäft war perfekt: für die 40 Zigaretten erhielten wir eine Flasche Wein und eine Flasche Schnaps. Den Wein brachten wir nach Hause. Mit dem Schnaps fuhren wir aufs Land. Bald fand sich ein Bauer, der uns für den Schnaps zwei Pfund Butter eintauschte. Am nächsten Morgen brachte mein Freund dem ersten Butterlieferanten sein Pfund zurück, weil es zu teuer war. Unsere Kompensation hatte eineinhalb Pfund Butter, eine Flasche Wein, zehn Zigaretten und das Vergnügen eines steuerfreien Gewerbes eingebracht.«[49]

Ein mehrfach vorbestrafter Schieber erläuterte auf die Frage des Richters, warum er keinen ehrlichen Beruf annehme, dass ihn und seine Familie zwölf Hennen ausreichend ernährten: Bei guter Fütterung legten die Hennen 15 Eier pro Woche. Die Familie esse fünf, die übrigen verkauften sie an die Alliierten für zwei Päckchen Zigaretten. Ein Päckchen reiche für den Eigenbedarf, das andere verkaufe er für 100 Mark. Mit 400 Mark im Monat kämen sie alle ganz gut zurecht.[50]

Für Zigaretten war alles zu bekommen, und mancher Besatzungssoldat mit einem Faible fürs Kaufmännische wurde zum reichen Mann: 20,50 Dollar kosteten den amerikanischen GI 5000 Zigaretten aus seinem Army-Depot. Bei den Einzelpreisen für die begehrten Glimmstengel war dafür schon eine ansehnliche Leica zu erstehen, die in den Vereinigten Staaten damals über 600 Dollar kostete. Für 600 Dollar aber gab es im Nachkriegsdeutschland sagenhafte 134 000 »Ami-Zigaretten« und dafür wiederum 27 Leicas![51]

Der Schwarzmarkt speiste sich aus unterschiedlichen Quellen. Zum einen stammten die Waren aus den Depots der West-Alliierten. Die dort gelagerten Güter wurden von den Besatzungssoldaten entweder selbst verschoben oder kamen aus den von den Alliierten versorgten Reservoirs der sogenannten Displaced Persons. Zum anderen beschickten die Landwirte den Schwarzmarkt mit nicht abgelieferten Kontingenten. Viele der angebotenen Lebensmittel stammten aber auch aus den Raubzügen organisierter Banden. Beispielsweise erbeuten Diebe in Berlin-Wilmersdorf bei insgesamt neun Einbrüchen:

235 Kilogramm Fett
210 Kilogramm Nährmittel
725 Kilogramm Zucker
5 Kilogramm Kunsthonig
9 Kilogramm Marmelade
650 Kilogramm Brot
900 Kilogramm Mehl
8 Kilogramm Keks

42 Kilogramm Trockenmilch
44 Kilogramm Salz
2000 Kilogramm Kartoffeln.[52]

Da sich von ehrlicher Arbeit kaum eine Familie mehr ernähren konnte, nahm die Arbeitswilligkeit vor allem unter der jugendlichen Bevölkerung stark ab. In den Großstädten rotteten sich Jugendliche beiderlei Geschlechts in Gruppen zusammen, um durch kleine Schiebereien und Diebstähle sich selbst und oftmals auch ihre Angehörigen über Wasser zu halten.

In großem Stil wurden auch Lebensmittelmarken gefälscht oder gestohlen und anschließend auf dem Schwarzmarkt verkauft. Amtliche Dokumente waren dort ebenfalls zu haben: Arbeitsbescheinigungen, Kenn- und Ausweiskarten. Millionen von Deutschen waren in Gefangenschaft geraten oder als vermisst gemeldet, waren deportiert worden oder hatten auf der Flucht alles verloren. Es war die Zeit der unklaren Verhältnisse. Mancher, der im Nachkriegsdeutschland das Bekanntwerden seiner NS-Vergangenheit fürchtete, verschaffte sich mit gefälschten Papieren eine neue Identität. Hoch im Kurs standen auch Titel – 300 falsche Grafen, 392 falsche Doktoren, zwei Geistliche, die keine waren, meldet die offizielle Statistik. Jeder versuchte sich durchzuschlagen, so gut es ging. Sogar »Wunderdoktoren« trieben ihr Unwesen. Sie waren meist auf dem Land tätig und verstanden es, durch Handauflegen oder durch das Hantieren mit geheimnisvollen Kugeln und Pendeln den Bauern zu suggerieren, dass ihr Vieh dadurch geheilt werden könne und Unheil von ihrem Haus fernbliebe. Der Lohn: Naturalien.[53]

Obwohl die »normalen« Käufer auf dem Schwarzmarkt mit solchen kriminellen Machenschaften indirekt in Kontakt kamen, sahen sie mit Hilfe der lebenserhaltenen »Moral der 1000 Kalorien« darüber hinweg. Sie boten ihre noch vorhandenen Habseligkeiten gegen Essbares feil. – So lange Hunger und der Mangel an den existenziellen Verbrauchsgütern das Land regierten, so lange würde es auch den schwarzen Markt geben. Selbst Staatsanwälte, Geistliche oder Polizisten kamen nicht an Schwarzmarktgeschäften vorbei. Das oberste Gebot hieß: zugreifen, wenn sich eine günstige Gelegenheit bot!

Hannelore Hahn, Jahrgang 1928, tätigte im Kleinen selbst Schwarzmarktgeschäfte: »Auch mein Bruder Helmut klaute, was das Zeug hielt, und vertickte die Sachen auf dem Schwarzmarkt. So hat er sich da nach und nach ein Fahrrad zusammengekauft. Er war ja geschickt! Das war für mich natürlich ein willkommenes Druckmittel! Wenn er nicht auf mich gehört hat, habe ich immer gesagt: ›Dann erzähle ich Mutter, woher das Fahrrad kommt.‹ Aber auch ich hab' vom ›Erlös‹ auf dem Schwarzmarkt Brot gekauft. Wir sparten, bis wir 24 Reichsmark zusammenhatten, dafür gab's ein Brot. Oder für acht Reichsmark eine Zigarette, die man dann gegen Lebensmittel tauschen konnte. Meinen Halsanhänger von der Heiligen Kommunion, ein Kreuz, habe ich bei den Amis für Zigaretten und Schokolade vertickt. Der Schwarzmarkt war eine richtige Institution, jeder kannte die Plätze, auch die Polizei. Die kam regelmäßig und machte Razzien, beschlagnahmte die Ware, um sie natürlich selber zu behalten! Die mussten ja auch sehen, wo sie blieben! Ich habe einen sehr netten Polizisten kennengelernt, der half mir dann später sogar, Kohlen zu klauen. Den hab ich dann auch geheiratet.«

Wilhelm Müller erinnert sich an viele Schwarzmarkt-Fälle, über die sein Vater in Herford zu richten hatte: »Der Schwarzmarkt konnte durch die Polizei nicht eingeschränkt werden. Das war einfach nicht drin. Die meisten Polizisten haben vermutlich auch weggeguckt, weil sie selber ja irgendwie sehen mussten, wie sie an Lebensmittel kamen. Vater hat immer Verständnis dafür gehabt. Einbrüche hat er nicht geduldet, aber dass dann auch mal irgendwas widerrechtlich gemacht wurde, das beurteilte er milde. Ich erinnere, dass relativ wenige Leute wegen ihres Schwarzmarktgeschäfts hohe Strafen bekamen.« Und wenn doch, dann knüpften die Schwarzmarkthändler hinter Gittern neue Verbindungen und lernten meist so viel dazu, dass sie nach der Freilassung beste Chancen hatten, in die »Aristokratie des Gewerbes« aufzusteigen. Sogenannte Großschieber wurden vor allem von Jugendlichen ob ihres Organisationstalents bewundert.

Der überwiegende Teil der Straftaten bestand jedoch in Betrügereien beim direkten Warentausch. Opfer einer solchen Schwindelei wurde die Familie des zehnjährigen Günther Kammeyer aus Hamburg-Fuhlsbüttel: »Mein Vater kam vom Tauschen: seine Arbeit als Gipser und Stuckateur gegen Naturalien. Er hatte ein Brot bekommen, und zwar ein wunderschönes Brot, vergess' ich nie, den Geruch hab' ich noch in der Nase – groß, ein Riesenbrot, und wir hatten Hunger. Meine Mutter schnitt das Brot auf, nur kam sie nicht über die Brotkante hinaus. Dieses Brot war gefüllt mit Sand und Holzspänen, nur ein bisschen Teig außen herum. Eine Mogelpackung! Das war eine der größten Enttäuschung, die ich in Erinnerung habe.«

Keiner konnte sich bei den schnellen, in dunklen Ecken abgewickelten Geschäften der Waren sicher sein, die hier für viel Geld oder teure Zigarettenwährung die Besitzer wechselten. Meist zu spät erkannte man den Betrug, zum Beispiel, dass die ertauschte Tüte statt kostbarem Mehl nur Gips enthielt, die ersehnte Dosenmilch sich als Wasser entpuppte oder man falsches Öl erwischt hatte, wie Siegfried Lenz es beschrieb: »Nachdem ich mehrmals ›Sahnelöffel ... Sahnelöffel‹ geflüstert hatte, setzte sich mir ein hagerer Mann auf die Spur, drängte mich hinter eine geborstene Mauer, wo ich, nur aus Spaß und Neugierde, ein Angorakaninchen eintauschte. Allerdings trug ich es nicht nach Hause, sondern stieß es gleich gegen wollenes Unterzeug ab, erhielt dafür englische Zigaretten und bezahlte mit ihnen drei Flaschen Bratöl, das sich indes, später zu Hause, als Torpedoöl herausstellte.«[54]

Bei den Razzien kam es häufig vor, dass die eben noch in den Handel vertieften Aktivisten von einer Sekunde zur anderen alles fallen ließen, um nicht mit »heißer Ware« angetroffen zu werden. Wertvolles Tauschgut landete so achtlos auf der Straße.

Kornelius Müller, ein vierzehnjähriger Junge aus Berlin, wusste solche Augenblicke zu nutzen: »Die Ecken waren ja bekannt. Wir hatten zwar nichts zu tauschen und kein Geld, aber wir hofften und warteten immer auf die Razzien. Die Kontrollen waren unser Glück! Wenn dann alle schnell auseinanderliefen, um nicht erwischt zu werden, blieben oft Sachen liegen oder fielen bei der Flucht aus den

Taschen. Das haben wir dann aufgesammelt. Das war zwar auch nicht ohne Risiko, aber wir empfanden das als ausgleichende Gerechtigkeit.«

Ursula Stenzaly aus Hamburg streunte als Neunjährige auf dem Schwarzmarkt herum: »Hinterm Schauspielhaus an der Brennerstraße, da war Schwarzmarkt. Dorthin hat mein Stiefvater vieles gebracht, auch eine Mundharmonika. Und wenn Razzia war, sind sie alle auseinandergestoben. Wurde man erwischt, konnte es schon sein, dass man Polizeibesuch bekam – mein Stiefvater sagte mal zu uns: Passt auf, es könnte sein, dass jemand kommt. Er hatte alles im Keller gelagert, wir wohnten Tiefparterre, da ahnte man den Keller nicht.«

Wurden die rasche Ausbreitung des Schwarzmarkts und die zunehmende Kriminalisierung durch die Militärverwaltungen auch bekämpft – von der sowjetischen stärker als zum Beispiel von der amerikanischen –, schätzten sie doch seine Rolle in diesen Zeiten des extremen Mangels durchaus realistisch ein und erkannten seine nützliche Seite. So schrieb Lucius Clay in seinen Memoiren, dass ohne den schwarzen Markt rund zehn Prozent mehr Deutsche die unmittelbare Nachkriegszeit nicht überlebt hätten, sondern erfroren oder verhungert wären. Allein der Schwarze Markt bewirkte, dass Bauern heimlich Feldwege und Waldwiesen umpflügten und so außerhalb des Abgabesolls, das nach den Feldgrößen berechnet war, Schwarzbestände an Lebensmittel schafften, die letztlich zwar teuer vermarktet wurden, aber für die Versorgung der Bevölkerung unverzichtbar waren.[55]

Der Schriftsteller Heinrich Böll, 1917 in Köln geboren, bezeichnete sich rückblickend als das einzige Bindeglied zwischen seiner unbescholtenen Familie und dem Schwarzmarkt. Als Vierzehnjähriger musste er sich um die Versorgung der Familie kümmern, der Vater war gefallen, die Mutter bezog eine winzige Pension: »Meine Mutter sah mich morgens nur mit Tränen in den Augen meinen komplizierten Pflichten entgegengehen. So hatte ich ein Kopfkissen zu Brot, eine Sammeltasse zu Grieß oder drei Bände Gustav Freytag zu fünfzig Gramm Kaffee zu machen. Aufgaben, denen ich zwar mit sportlichem Eifer, aber nicht ganz ohne Erbitterung und Angst oblag. Denn die Wertbegriffe – so nannten es die Erwachsenen damals – waren erheblich verschoben, und ich kam hin und wieder unberechtigterweise in den Verdacht der Unehrlichkeit, weil der Wert eines zu verscheuernden Objekts keineswegs dem entsprach, den meine Mutter für angemessen hielt. Es war schon eine bittere Aufgabe, als Vermittler zwischen zwei Wertwelten zu stehen.«[56]

Brot gegen Liebe

Das Bild vom hübschen, blonden deutschen »Fräulein«, das für eine Schachtel Zigaretten, für ein Brot, eine Büchse Corned Beef, ein Paar Nylonstrümpfe oder etwas Schokolade zu haben war, war damals allgegenwärtig und wurde auch in den amerikanischen Medien kolportiert. So erzählte die amerikanische Journalistin Judy Barden in der

1 Bremen im Winter 1946/47: Wie hier sah es in vielen Teilen Deutschlands aus, die Innenstädte glichen Trümmerwüsten.

2 Anstehen für die tägliche Ration Suppe. Jeder war mit Nachweis der entsprechenden Lebensmittelmarken berechtigt, die Portionen für fünf Familienmitglieder in Empfang zu nehmen.

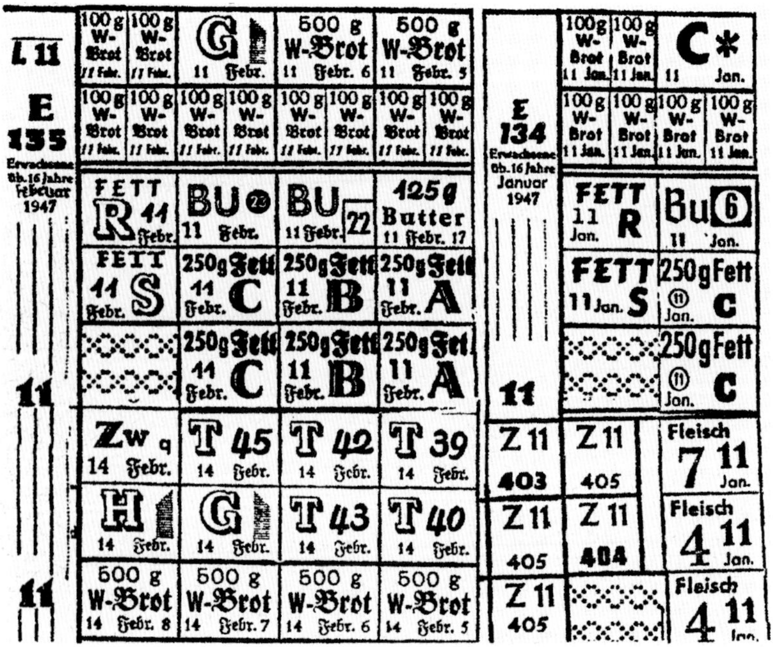

3 Die Lebensmittelkarte war ein Heiligtum, denn ohne sie hatte niemand Anspruch auf Essen. Bei Verlust gab es keinen Ersatz.

4/5 Hamstern war zwar illegal, doch notwendig zum Überleben. Vor allem an den Wochenenden drängten die Menschen zu Tausenden aus den Städten aufs Land, um ihre letzten Habseligkeiten gegen Essbares einzutauschen.

6 Hamsterer stürmen einen Lastwagen. Nach stundenlangem Warten spielten sich beim Kampf um einen Platz auf den Zügen und Lkws oft dramatische Szenen ab.

7/8 »Fringsen« nannte man bald das »Organisieren« von Kohle und Nahrungsmitteln, nachdem der Kölner Kardinal Frings dies zur Sicherung des eigenen Überlebens moralisch gerechtfertigt hatte. Die Brüder Klaus und Günther Kammeyer (unten, von links) brachten es darin zur Perfektion.

9 Auf dem Schwarzmarkt konnte man alles bekommen, meist zu astronomischen Preisen. Wer hier erwischt wurde, dem drohten empfindliche Strafen. Viele Richter, wie der Vater von Wilhelm Müller, hatten für die verzweifelte Lage der Angeklagten jedoch Verständnis und urteilten milde.

10 Wilhelm Müller (hinten rechts) mit seinem Vater, Richter in Herford, sowie Mutter und Bruder (vorn).

11 Die Wohnsituation in den zerstörten Städten war katastrophal. Wie hier in Hamburg wurden vielerorts Lager aus sogenannten Nissenhütten als Notunterkunft errichtet.

12 Eine Nissenhütte von innen. Teilweise drängten sich hier zwei bis drei Familien. Durch die Enge und die schlechten hygienischen Bedingungen brachen häufig Seuchen aus. Im Winter boten die Wände aus Wellblech kaum Schutz vor der Kälte.

13 Besonders schwierig war die Situation der Flüchtlinge, die alles verloren hatten. Diese Mutter ist mit ihren vier Kindern in einer Schrebergarten-Siedlung untergekommen.

14 Als Flüchtlinge mussten Edith Eints, geb. Mischke, und ihre Familie den Winter im schleswig-holsteinischen Moorrege in einem Kuhstall zubringen: »Die Kälte war wirklich schlimm … Wir hatten immer Angst, dass uns die Ratten in der Nacht beißen.«

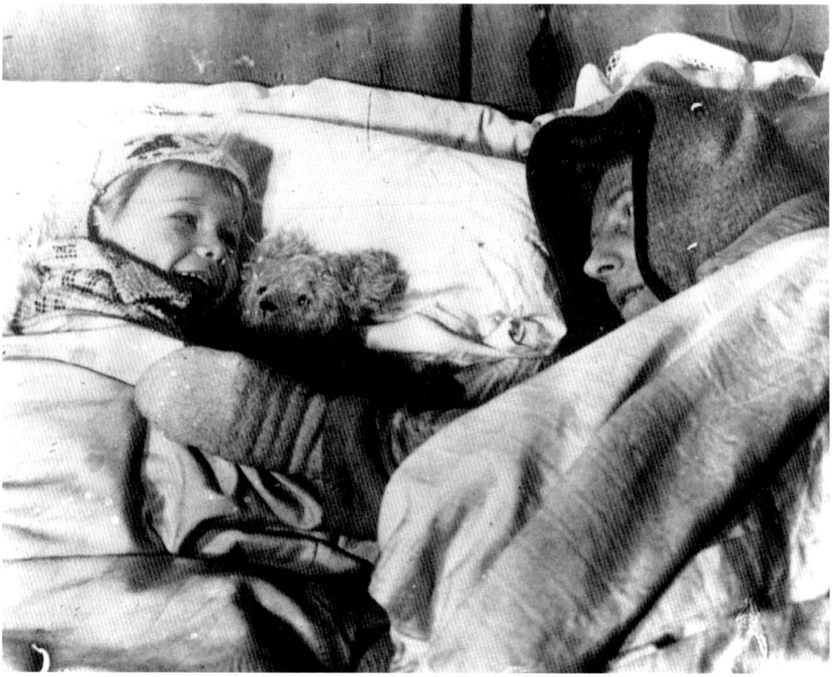

15/16 Um es nachts warm zu haben, zog man sich so dick an wie möglich und versuchte, sich gegenseitig zu wärmen, erinnert sich Inge Kotsch (unten). Ihr Großvater, der allein schlief, erfror im Januar 1947 vor dem ausgekühlten Ofen.

17 Der Ofen war der Mittelpunkt des Hauses. Hier wärmen sich gleich mehrere Familien.

18 Die Wohnung von Lotte und Felix Szelski in Chemnitz ließ sich nicht heizen. Ihr neugeborener Sohn zog sich hier im Januar 1947 eine Erkältung zu, die er nicht überlebte.

19/20 Im Laufe des Winters wurde Heizmaterial äußerst knapp. Verfeuert wurden zunehmend auch Möbel, Gartenzäune u. a. Um an Brennholz zu gelangen, wurde der Berliner Tiergarten fast vollständig abgeholzt.

21 Verzweifelte Jagd nach Brennstoffen. Ein Mann versucht sein Glück mit einem Aushang.

22 Selbst in einem Schlackehaufen ist manchmal noch Brennbares zu finden.

23/24 Überleben in der klirrenden Kälte: Ein alter Mann durchsucht Mülltonnen nach Essbarem. Frauen holen Wasser aus einer Straßenpumpe, die nachts immer wieder zufriert.

25 Kölner Kinder wärmen sich an einem Feuer inmitten der Trümmer

26 An das Weihnachtsfest 1946/47 erinnern sich viele noch besonders eindrücklich. Hier erhalten Rentner Brote als Extrazuteilung.

27 Weihnachtsspende für Berlin: Angehörige der US-Armee haben über 20 Tonnen Lebensmittel, Kleidung und Süßigkeiten gesammelt, die mit zwei Flugzeugen aus Frankfurt am Main herangeflogen worden sind.

28 Der Ernährungsnotstand treibt im März 1947 die Menschen zu Streiks und Massendemonstrationen auf die Straße, vor allem in den Großstädten und im Ruhrgebiet. Hier: Hungerproteste auf dem Krefelder Karlsplatz.

29 120 000 Werktätige von Hamburger Betrieben demonstrieren vor dem Haus der Gewerkschaften auf dem Besenbinderhof.

30/31 »Jeder hatte sein Essgeschirr mit, seinen Löffel dabei.« Sehnsüchtig erwarten Kinder die Ausgabe der Schulspeisung, die häufig von den alliierten Besatzern und ausländischen Hilfsdiensten organisiert wurde. Für viele Kinder war dies die einzige Mahlzeit am Tag.

32 Die Schulklasse von Martin Schneider (2. Reihe von hinten, ganz rechts), der sich mit seiner kleinen Schwester wegen der Krankheit der Mutter allein durchschlagen musste.

33 Glücklich, wer ein Carepaket ergattern kann. Bis zum Januar 1947 erreichen Deutschland fünf Millionen solcher Hilfslieferungen der amerikanischen Wohltätigkeitsorganisation CARE und der amerikanischen Streitkräfte.

New York Sun von deutschen Mädchen, »gekleidet in den kürzesten Kleidern, die ich je gesehen habe, [...] sie gingen vor den GIs auf und ab, um deren Aufmerksamkeit zu erwecken«.[57]

Noch im Frühsommer 1945 hatte es in amerikanischen Tagesbefehlen geheißen: »Im Herzen, im Körper und im Geist ist jeder Deutsche Hitler. Hitler ist der einzelne Mann, der für die Glaubenssätze der Deutschen steht. Schließe keine Freundschaft mit Hitler, fraternisiere nicht! Die Deutschen müssen lernen, dass sich das Kriegführen nicht lohnt. Sie müssen dies auf die harte Tour lernen. Wenn du freundlich mit ihnen umgehst, werden sie dich für weich halten. Fraternisiere nicht!«[58]

Das Fraternisierungsverbot, das den amerikanischen Soldaten jeden Kontakt zur deutschen Bevölkerung untersagte, ließ sich jedoch nicht lange aufrechterhalten: Als es am 1. Oktober 1945 aufgehoben wurde, hatte es sich durch die Praxis längst überlebt. Zu verlockend erschien der erste Sommer im Frieden, allerorten gab es Frauen ohne Männer, und viele junge Besatzungssoldaten, die in den Krieg gezogen waren, ohne vorher die Liebe kennengelernt zu haben, hatten hier ihre erste Begegnung mit einer Frau. Auch von deutscher Seite versuchte man sich in Annäherung, wobei die jungen Frauen hier eindeutig im Vorteil waren. Man knüpfte »nahrhafte« Beziehungen.

»So manche Nachbarin zog sich einen engen Pullover an, um zu überleben«, erinnert sich Inge Kotsch, Jahrgang 1926, aus Berlin-Hermsdorf. Sie beobachtete, wie ihre Nachbarin häufig frühmorgens angetrunken und übernächtigt von einem russischen Militärfahrzeug vor ihrem Haus abgesetzt wurde. »Da kam sie mir entgegen, und ich traute fast meinen Augen nicht: Elli trug einen Pelzmantel, einen echten. Und sie sagte zu mir: ›Du, der Wladimir ist echt süß, und zu fressen haben die!‹ Und sie schob mir – als Wiedergutmachung für die paar Kartoffeln, die ich ihr geborgt hatte – Corned Beef rüber, eine ganze Büchse, Schokolade von Hershey und Kaffee, echten Bohnenkaffee. ›Das kriegen die von den Amis‹, sagte Elli, ›die Pariser übrigens auch!‹ – Wir mussten beide lachen. Wir waren gerade mal um die zwanzig. Ich war noch ledig, und Elli war schon Kriegerwitwe.«

Die Motive für die Beziehungen der jungen Frauen mit den Besatzern waren sicher unterschiedlich. Liebe und die Chance, an den Segnungen der Versorgungsdepots der Besatzungsmächte teilhaben zu können, lagen dicht beieinander. Nicht alle Deutschen hatten dafür Verständnis, so war in den *Frankfurter Heften* zu lesen, dass »[...] gerade wo die Bindungen an die Sitte lockerer geworden sind denn je, der Charme des Siegers, der Abglanz der weiten Welt, der Reiz des Fremden, der Überfluss an begehrten Gütern und die wohlgenährte physische Kraft eine Anziehung ausüben, die nicht nur die Männer des eigenen Landes erbittert, sondern auch eine Gefahr für die Liebe als eigentlich entscheidendes Element von Beziehungen darstellen könnte«.[59]

Wladimir Gelfand, ein Leutnant der Roten Armee, war gerade zweiundzwanzig Jahre alt, als er 1945 als Sieger in Berlin einmarschierte – traumatisiert durch den Krieg, durch den von den Nazis begangenen Mord an seiner jüdischen Familie, dürstend nach Rache, voller Sehnsucht nach körperlicher Nähe und – nach Liebe.[60] Über ein Jahr blieb er im sowjetisch besetzten Teil Deutschlands. In seinem Tagebuch schildert er die Vergewaltigungen und das Elend der Besiegten, erzählt auch davon, wie 1946 junge Berlinerinnen die Nähe der Eroberer suchten, nur um zu überleben: »Ich hätte gern die Zärtlichkeiten der schönen Marianne in vollen Zügen genossen, Küsse und Umarmungen allein waren nicht genug. Ich hatte mir mehr erhofft, wollte sie jedoch nicht drängen. Ihre Mutter ist mit mir zufrieden. Wäre ja auch noch schöner! Schließlich hatte ich auf dem Altar für vertrauensvolle und wohlwollende Beziehungen Lebensmittel, Süßigkeiten und Butter, Wurst und teure deutsche Zigaretten niedergelegt. Bereits die Hälfte wäre genug, um mit Fug und Recht mit der Tochter vor den Augen der Mutter alles Erdenkliche anzustellen, und die würde nichts dagegen sagen. Denn Lebensmittel sind heute wertvoller als das Leben, sogar als das Leben einer so jungen, zärtlichen und lieben Schönheit, wie dieses Mädchen eine ist.«[61]

Schätzungen zufolge – verlässliche Zahlen liegen nicht vor – wurden allein in der SBZ 150 000 bis 200 000 Kinder nichtdeutscher Väter geboren. Wer als deutsche Frau das »Russen-Kind« austrug, aus bewusster Entscheidung oder weil kein Arzt für einen Abbruch zu finden war, musste fürchten, stigmatisiert zu werden. Oft wurden die schwangeren Frauen und Mütter von ihren heimkehrenden Ehemännern verlassen. Beziehungen zwischen einem Angehörigen der Roten Armee und einer Deutschen hatten keine Zukunft, in den überwiegenden Fällen wurden die Soldaten oder Offiziere dann in die Sowjetunion abkommandiert.

Ein Hunger nach Leben machte sich breit. Die junge Generation, die groß geworden war mit der Angst vor den Bomben, mit Not und Entbehrung, forderte nun ihr Recht. Verständnislosen Erwachsenen blieben nur Appelle zum Maßhalten.

Junge Frauen trieb es in die Clubs der Amerikaner, Briten und Franzosen. Die »Negermusik«, der Jazz, der unter den Nazis verboten war, feierte jetzt Hochkonjunktur. In den Vergnügungsetablissements der Besatzer konnte man sich in eine Welt ohne Lebensmittelkarten, Bezugsscheine und Stromsperren flüchten. Verachtet und tituliert als »Ami-Flittchen« oder »Russenliebchen«, doch zugleich beneidet – das war das deutsche Fräulein mit ihrem Freund.

Die Folgen dieser Lebensweise vor allem junger Menschen ließen nicht lange auf sich warten: Geschlechtskrankheiten breiteten sich aus, wurden zu einem Massenphänomen, Jugendprostitution war eine alltägliche Erscheinung. Allein im München wurden in drei Monaten annähernd 1600 Mädchen wegen Verdachts der Prostitution und der Verbreitung von Geschlechtskrankheiten festgenommen. In der britischen Zone schätzte man 1946 ihre Zahl auf 15 000, die meisten minderjährig und 80 Prozent davon geschlechtskrank.[62]

Dr. med. Harald Walter war während des Krieges Sanitätsoffizier und fand nach der Gefangenschaft im November 1945 in seiner Heimatstadt Lübeck sofort eine Anstellung als Arzt. Ab Februar 1946 arbeitete er in einer Frauenklinik. Harald Walter hatte eine 78-Stunden-Woche und erhielt dafür 200 Reichsmark. Im Krankenhaus war er für alle Gonorrhoe-, im Volksmund Tripper-Patientinnen, zuständig:

»Ich musste das Penicillin eigenhändig aus der Apotheke holen. Das gab es nur in bestimmten Apotheken, die wurden von den Amerikanern und Engländern beliefert, und da wurde genau Buch geführt: namentlich, wer es bekommen sollte, und die Menge. Die Hauptabnehmer waren die ›lustigen Mädchen‹ aus der Clemensstraße. Der Tripper war eine Plage.« Ein noch größeres Problem waren die Schwangerschaften. »Hätte ich Abtreibungen gemacht – wir wären reich geworden! Dauernd kamen verzweifelte Frauen zu mir. Bauersfrauen oder Frauen von Geschäftsleuten, die sich mit Fremdarbeitern oder Besatzern eingelassen hatten; es hatte ja keine anderen Männer gegeben, die waren ja alle weg. Die boten einem für den Eingriff einen Zentner Kartoffeln oder eine ganze Speckseite! Mein Chefarzt sagte einmal zu mir: ›Heute hätte ich einen ganzen Sack Zucker bekommen können für eine Abtreibung.‹ – Aber wir haben das nicht gemacht!«

Viele der GIs heirateten ihre Freundinnen und nahmen sie zumeist mit in die Vereinigten Staaten. Etwa 12 000 bis 13 000 sollen es gewesen sein. Zählt man jene Mädchen hinzu, die als Verlobte in die USA einreisten – sie bekamen ein befristetes Visum und mussten innerhalb einer bestimmten Zeit heiraten, sonst wurden sie zurück nach Europa geschickt –, wanderten zwischen 1946 und 1949 etwa 20 000 Deutsche als »Heiratsemigrantinnen« in die USA aus.[63]

6. KAPITEL

Versorgungsgemeinschaft Familie

> Ohne diese Familie, ohne die Wärme auch des Bruders in einem Bett, wir waren zwölf zu Hause, ohne dieses Zusammengehörigkeitsgefühl hätten wir das nicht geschafft.
>
> *Günther Kammeyer*

Der Winter 1946 kündigte sich früh an, bereits im November sanken die Temperaturen unter null. Zum Hunger kam nun die Kälte, und so mancher ahnte wohl, dass in diesem Winter das Leben noch schwerer sein würde als im Jahr zuvor. Schon damals hatte Feldmarschall Bernard Montgomery, bis zum 13. Februar 1946 Oberbefehlshaber der britischen Besatzungstruppen in Deutschland, den Zusammenbruch der Versorgung vorausgesehen und im Sommer 1945 in einer Botschaft an das britische Kabinett vor einer drohenden Unterversorgung der deutschen Bevölkerung gewarnt: »Wir müssen mit der Wahrscheinlichkeit rechnen, dass Mangel an Lebensmitteln, an Kohle, an ausreichender Unterkunft, an Transportmitteln und Verteilungsmöglichkeiten herrschen wird. Es ist notwendig, dass Sie sich das jetzt schon klarmachen. Für die privaten Haushalte stehen im kommenden Winter Kohlen nicht zur Verfügung. Jeder muss sich selbst helfen.«[64]

Von den Wirtschaftsämtern wurden Holzberechtigungsscheine ausgegeben, ohne die kein Feuerholz zu bekommen war. In langen Schlangen standen die Menschen stundenlang in der Kälte, um einen solchen Schein zu bekommen. Wer sich nicht schon vor sechs Uhr früh anstellte, der ging unweigerlich leer aus. Die Beschaffung selbst gestaltete sich allerdings noch wesentlich schwieriger: Wie ein Zeitzeuge berichtet, stand das Holz, auf das er Anrecht hatte, noch im Wald, zwölf Kilometer entfernt. Notwendiges Werkzeug und ein Handwagen konnten geliehen werden gegen ein Kilo Weizenkörner und das Radio der Großmutter als Pfand:

»Am nächsten Tag zog ich dann den Handwagen die zwölf Kilometer zu der Stelle, wo ich das Holz schlagen durfte. Die armdicken Buchen, die angezeichnet waren, mussten geschlagen, entästet und zersägt werden. Ein Auge hatte ich dabei immer auf den Handwagen, denn so kostbare Fahrzeuge verschwanden schnell. Aufladen, möglichst viel, aber auch nicht zu viel, denn der Wagen sollte auch den Rückweg noch überstehen. Die Rückfahrt zog sich unendlich hin. Und zu Hause musste das Holz noch vier Etagen auf den Boden geschleppt werden, denn vor dem Haus war nichts sicher.«[65]

Helene Bornkessel hatte ihre Holzzuteilung ebenfalls mühsam auf dem offenen Dachboden verstaut, »und als ich nachher mein Holz holen wollte, war es weg! Das nächste Mal hab ich Holzscheite und Briketts unter dem Bett aufgebaut. Dann konnte ich wenigstens ab und zu die Wohnung heizen. Ansonsten bin ich zu meiner Freundin rübergegangen, da trafen sich alle in einem Zimmer. Da bekam ich viel Unterstützung.«

Im Kampf gegen Hunger und Kälte rückte man enger zusammen, gerade Menschen wie Helene Bornkessel, die ihre Angehörigen verloren hatten und ihren Alltag allein organisieren mussten, kamen ohne die Hilfe ihrer Mitmenschen nicht zurecht. Neben der Arbeit Lebensmittel beschaffen und Heizmaterial organisieren – wie sollte man das allein bewältigen? Es bedeutete dauernde Überforderung und Abhängigkeit von der Solidarität anderer. Die Familie wurde in dieser Zeit zu einer überlebenswichtigen Institution. Sie musste überall dort Aufgaben übernehmen, wo die öffentlichen Sicherheits-, Vorsorge- und Versorgungsleistungen ausfielen.[66]

Eine intakte Familie wie die von Günther Kammeyer gab Halt und Unterstützung. Der damals Zehnjährige war einer von zehn Geschwistern: »Wenn wir es wieder einmal für einen Tag geschafft hatten, halbwegs zu essen und es mal warm zu haben – da sagte Mutter oft: ›Kinder, wir sind nicht reich, wir sind nicht arm, aber wir sind die glücklichsten Menschen, die es gibt, weil wir eine Familie sind! Merkt euch das!‹« »Den Tag schaffen« – das gelang ihnen, weil Mutter Kammeyer mit den Kindern quasi ein eigenes Transportunternehmen organisiert hatte. Während der Vater arbeiten ging, kümmerte sich die Mutter um die Logistik der täglichen Nahrungs- und Heizmittelbeschaffung für die ganze Familie: »Morgens gab es bei uns zu Hause einen regelrechten Appell, Mutter ließ uns antreten wie die Orgelpfeifen, alle zehn Kinder. ›Wir müssen uns verteilen, wir brauchen jetzt so eine Art Einkaufsgemeinschaft‹, sagte sie.«

Hedi Kammeyer teilte ihre Kinder für die verschiedenen Gänge zu den Lebensmittelhändlern und Verteilungsstellen ein. Die kleineren Geschwister schickte sie in die Geschäfte in unmittelbarer Nähe; je älter die Kinder waren, desto weiter wurden auch die Wege zu den Verteilungsstellen. Allen war klar, dass man nicht wissen konnte, ob und was man überhaupt bekommen konnte, aber die Wahrscheinlichkeit, dass wenigstens die eine oder andere der »Einheiten« etwas mitbringen würde, stieg durch dieses Verfahren natürlich erheblich: »Wir schwärmten förmlich aus, und jeder hatte sein Aufgabengebiet.« Das spornte den Ehrgeiz der Kinder an: »In den Geschäften waren wir bekannt als hartnäckige Kämpfer, wir wollten immer etwas zu Essen mit nach Hause bringen. Vielleicht waren wir deshalb manchmal zu pampig. Nicht selten wurden wir vorne rausgeschmissen, aber wir kamen durch eine andere Tür wieder rein. Als Zweierteam mehr ergattert zu haben als die anderen Geschwister – das war für uns wie ein sportlicher Wettkampf.«

Die Kammeyers hatten das Glück, dass ihr Vater nicht in den Krieg gezogen war und nun auch arbeiten ging. Zum großen Teil funktionierten die in diesen Notzeiten so dringend benötigten Familienstrukturen nicht mehr. Die Männer waren gefallen, vermisst oder in Gefangenschaft. Die Mütter mussten alleine zurechtkommen. Ohne die Hilfe der Kinder war das gar nicht möglich. Schon während des Krieges wuchsen so Mütter und Kinder zu »Versorgungsgemeinschaften« zusammen. Dabei mussten Kinder Pflichten der Erwachsenen übernehmen und über die Maßen Verantwortung tragen. Oft genug fühlten sie sich den Aufgaben nicht gewachsen.

Wilma Arnolds Vater galt im November 1946 noch immer als vermisst, sie resümiert heute: »Ich hatte keine Kindheit, Mutter ging von früh bis spät arbeiten, und ich musste als Siebenjährige auf die kleineren Geschwister aufpassen und für sie sorgen. Das hat mich manchmal schrecklich überfordert.« Zu ihren täglichen Pflichten gehörte es, im Kachelofen Kohlen nachzulegen, »einmal hatte ich zu früh die Klappe zugemacht. Da kam es zu einer Verpuffung, der Ofen explodierte regelrecht – und meine Geschwister lagen doch im gleichen Raum. Es war furchtbar! Sie lagen danach kohlrabenschwarz in den Betten. Ein Schock fürs Leben! Sie hätten tot sein können und ich wäre schuld gewesen!« Von ihrer Mutter bekam sie keinen Trost: »Meine Mutter hat mich nie in den Arm genommen, mir nie ein Küsschen gegeben. Abends fiel sie todmüde ins Bett. Sie hatte einfach keine Kraft mehr, Liebe zu verteilen. Wir Kinder haben sie eigentlich gar nicht gekannt.« Nichts wünschte sich Wilma Arnold damals mehr als den Vater an ihrer Seite, er hätte ihr Sicherheit und Kraft gegeben: »Immer habe ich von einem Vater geträumt. Aber ich wollte nicht, dass Mutter einen anderen Mann hat. Heute frag ich mich, wie der Vater wohl gewesen wäre, wenn er aus dem Krieg zurückgekommen wäre.«

Viele Männer galten als vermisst, die Familien wussten nicht, ob die Väter, Söhne oder Brüder noch einmal wiederkehren würden. Über lange Jahre mussten sie oft in dieser Ungewissheit leben.

Erna Stolle, geboren 1916, begleitete zur Jahreswende 1946/47 als Rotkreuz-Schwester einen Transport elternloser Kinder. »Unser Sonderzug stand in Frankfurt/Oder. Auf dem übernächsten Gleis hatte ein anderer Zug aus dem Osten Einfahrt, Heimkehrer, die zur Entlausung und Quarantäne mussten. Blitzschnell sprang ein Mann auf mich zu mit den Worten: ›Ich bin Arzt. Bitte Schwester, stecken Sie den Zettel schnell in ihre Schürzentasche. Wir kommen jetzt mit Wasser in Berührung, alles wäre umsonst! Ich vertraue Ihnen, bitte leiten Sie ihn weiter‹, und schon hastete der Mann zurück. Winzig klein waren darauf 180 Namen, Geburts- und Sterbedaten sowie die Heimatanschrift vermerkt. Voller Unruhe sahen die anderen unseres Begleitpersonals den Zettel ein. Jeder wartete zu dieser Zeit auf jemanden. Unter uns war jedoch niemand, der einen der Verstorbenen kannte.

Frau Stolle gab den Zettel einer Kinderärztin zur Weiterleitung, mit der sie viele Jahre in der SBZ und später in der DDR zusammenarbeitete. »Der Zettel blieb bei der Ärztin in Verwahrung. Immer wenn das Gespräch auf die Begebenheit mit dem Zettel kam und ich wissen wollte, ob sie ihn weitergeleitet hatte, gab sie mir ausweichende Antworten. [...] Ich ging später in den Westen. Als ich unsere Doktorin, inzwischen war sie schon über neunzig Jahre alt, während eines Aufenthalts in der DDR besuchte und ihr die Frage stellte – ich wollte nur ein Ja oder Nein –, antwortete sie, ich solle mich zufrieden geben. Jetzt nach vielen Jahren bewegt mich der Gedanke, hatte sie Angst? Zur damaligen Zeit konnte das Wissen um den vieltausendfachen Tod in sowjetischen Kriegsgefangenenlagern ein Grund zur Entlassung oder Schlimmeres sein.«[67]

Insgesamt zählte man unmittelbar nach Kriegsende in ganz Deutschland 36,6 Millionen Frauen und nur 29,3 Millionen Männer. Damit kamen auf 100 Männer 125 Frauen. In den im Krieg regelrecht ausgebluteten, heiratsfähigen Jahrgängen der Zwanzig- bis Dreißigjährigen sah es wesentlich schlechter aus: Hier betrug 1946 das Verhältnis 100 zu 160. Konkret bedeutete dies, dass vier Millionen Frauen in den Nachkriegsjahren zu den Alleinstehenden zählten; etwa 2,5 Millionen davon waren Kriegerwitwen mit Kindern.[68]

Die Männer, die Krieg und Gefangenschaft überlebt hatten, kehrten oft als körperliche und seelische Krüppel in eine Gesellschaft und in ihre Familien zurück, die sie so nicht mehr kannten. Sie mussten sich an völlig neue Lebensumstände anpassen, waren traumatisiert, den Angehörigen fremd geworden. Oftmals mochten die größeren Söhne sie nicht mehr als Familienoberhaupt akzeptieren, die Kinder hatten sich an die Versorgungsgemeinschaft ohne Vater gewöhnt, die Ehefrauen waren unabhängiger geworden. Zudem war ihr männliches Selbstverständnis im verlorenen Krieg zerstört worden. Viele der zurückkehrenden Väter konnten ihren Familien keinen Halt mehr bieten, wurden vielmehr zur Last.

»Meine Mutter war so verzweifelt, dass sie manchmal gesagt hat, sie beneide fast die Frauen, deren Männer nicht heimgekommen sind«, berichtet Edith Eints. »Denn was sie jetzt mitmache, sei schlimmer als alles andere. Jetzt habe sie nicht nur sechs Kinder, jetzt habe sie sieben Kinder, denn ihr Mann sei auch noch zum Kind geworden. Nur mit dem Unterschied, dass der sie schikaniere.«

Eduard Mischke war schwer verwundet worden. Nach dem Verlust seines rechten Arms und einem Lungendurchschuss hatte er über ein Jahr in einem Königsberger Lazarett verbracht. Als er nach Hause kam, hatte er sich völlig verändert: »Er war nicht mehr so fürsorglich, nicht mehr so sparsam, er war verkehrt. Nichts konnte man ihm recht machen. Er fand keinen Anschluss, keine Arbeit. Und dann fing er mit dem Trinken an. Da war kein Geld da, aber für das eine – für den Schnaps – reichte das Geld immer.« Aus Eduard Mischke war ein Tyrann geworden, der alles forderte, aber kaum etwas gab. Das Gefühl, in der Gesellschaft und auch in der Familie nicht mehr als vollwertig zu gelten, kompensierte er durch sexuelle Dominanz. Seine Frau hatte ihm stets gefügig zu sein: »… und meine Mutter war so eine Frau, die eben meinte, wenn der Mann das braucht, dann braucht er das. Da hat sie halt stillgehalten. Und Geld für Präservative war natürlich nicht da, das war ja damals gar kein Thema. Und dann kam halt ein Kind und noch ein Kind und noch eines. Insgesamt hatte meine Mutter zehn Geburten.«

Sehr viele Familien überstanden diese Belastungen nicht und zerbrachen, was die in der damaligen Zeit ungewöhnlich hohe Scheidungsrate widerspiegelt.

Auch Hannelore Hahn aus Köln, Jahrgang 1929, erlebte die Trennung ihrer Eltern: »Mein Vater ließ meine Mutter mit fünf Kindern sitzen. Davon hat sich meine Mutter nie mehr erholt. Mit ihr war nichts anzufangen; sie lag die ganze Zeit im Bett, Decke über den Kopf gezogen, sagte: ›Ich mach Schluss und ich nehm' euch alle mit, ich dreh' den Gashahn auf.‹ Ich musste mich mit meinen siebzehn Jahren um alle kümmern, hab den Haushalt geführt und alle versorgt. Ich musste auch das Essen aufteilen. Von einem Brot verteilte ich immer zwei Scheiben aus der Mitte und zwei vom Ende. So hatte jeder gerecht zwei größere und zwei kleinere. Dabei gab ich von meiner Zuteilung immer noch was an die Brüder ab – und behielt nur zwei für mich. Es war ja immer Konkurrenz zwischen den Geschwistern, jeder versuchte möglichst viel von dem bisschen abzubekommen.

Einmal hatten wir als Vorrat für den Winter Rübenkraut gemacht – was für eine Arbeit! Wir haben im Keller in stundenlanger Arbeit die Zuckerrüben geschrubbt und gekocht.

In Gläsern abgefüllt schloss ich das fertige Kraut dann in unser Vertiko ein. Ich bemerkte irgendwann, dass ein Glas fehlte. Das war mir völlig unerklärlich! Das Schloss war unbeschädigt und ich selbst hatte immer den Schlüssel. Da stellte sich heraus, dass Helmut die Türen irgendwie aus den Scharnieren gehoben hat, das Glas rausholte und die Türen wieder einsetzte. Der war wirklich ein ganz kluges Kerlchen, na ja, der brachte es später ja auch bis zum Generaldirektor!«

Die aufgekündigte Solidarität des Vaters und die innere Kündigung der Mutter stärkten nicht den Zusammenhalt der Geschwister, sondern beförderten bei den Brüdern noch den Egoismus. Keine Seltenheit – an vielen heimischen Küchentischen setzte sich das ungleiche Verteilungssystem von Lebensmitteln quasi fort. Obwohl die gewohnte Hierarchie gerade in der Nachkriegszeit längst nicht mehr dem Alltag entsprach, behielt sie ihre Gültigkeit. Der Vater – wenn es ihn gab – und die Söhne wurden bevorteilt. Die Mutter – deren Rolle in diesem Fall die siebzehnjährige Hannelore eingenommen hatte – war in den meisten Fällen zwar diejenige, die die Familie über Wasser hielt, doch gerade sie verzichtete allzu oft zugunsten der Kinder. Als »nicht-tätige« Hausfrau stand sie sowohl in der Familienhierarchie als auch in der des Rationierungssystems an unterster Stelle.

Ein Viertel aller Kinder wurde von den Müttern alleine großgezogen. Im täglichen Überlebenskampf waren sie kaum in der Lage, den Heranwachsenden die notwendige Aufmerksamkeit zu schenken. Und viele Kinder hatten ihre Eltern und Verwandten ganz verloren und die Zerstörung ihres Zuhauses erlebt. Nach den Schrecken des Krieges erfuhren sie kaum Schutz und Geborgenheit, blieben trotz ihrer geringeren körperlichen und psychischen Kräfte auf sich gestellt mit den zurückliegenden, oft traumatischen Erlebnissen.

Mit dem, was der elfjährige Martin Schneider und seine kleine Schwester im April 1945 in den Gurkenkellern von Lübbenau erlebten, mussten sie selbst fertig werden: »Früh um fünf kamen die Russen in den Keller gestürmt. Es waren ungefähr 30 Frauen mit Kindern dort – Männer gab's ja keine, die waren im Krieg. Die Russen haben jede Frau, jedes Mädel vergewaltigt. Wir haben versucht, uns frei zu machen, der Mutter zu helfen, uns auf die Mutter gestürzt. Umsonst. Ich bekam einen Gewehrkolben ins Kreuz, habe dann versucht, meine neunjährige Schwester in so einem großen Fass zu verstecken, aus Angst, dass ihr das Gleiche passieren könnte. Meine Mutter haben sie den ganzen Tag hergenommen. Sie war dann so geschwächt und kaputt, dass sie ein halbes Jahr im Krankenhaus liegen musste.«

Als die Mutter endlich nach Hause zurückkehrte, schöpften die Kinder wieder Hoffnung. Jetzt, so dachten sie, könnte sich alles zum Guten wenden, »aber als meine Mutter aus dem Krankenhaus kam, war sie total verändert, sie war apathisch, ohne Teilnahme, wollte von nichts wissen. Es war deprimierend. Sie hat nicht versucht, uns Mut zu machen und zu sagen: ›Kinder es wird besser, ich bin wieder da.‹« Statt die Kinder zu entlasten, verschlimmerte die Rückkehr der Mutter sogar noch die Situation – jetzt mussten sie das wenige, was sie zum Leben hatten, auch noch mit der Mutter teilen. Ohne jede Hilfe brachte Martin sich und seine zwei Jahre jüngere Schwester über die Runden. Ein täglicher Kampf ums Überleben in permanenter Ungewissheit, was ihnen der nächste Tag bringen würde. »Wir waren so verzweifelt, wir wussten nicht mehr, was wir machen sollen. Und da habe ich zu meiner Schwester gesagt: ›Es hat keinen Zweck mehr.‹ Meine Schwester hat das nicht ganz begriffen, aber ich habe die Tabletten, die ich im Arzneischrank gefunden hatte, auf dem Tisch verteilt, habe ihr ein Glas Wasser gegeben und mir auch und zu ihr gesagt: ›Das tut nicht weh, wir wollen das Leben so beenden, das hat keinen Zweck mehr.‹

Wir hatten eigentlich mit der anderen Hausbewohnerin wenig Kontakt, wir haben uns mal gegrüßt, wenn wir uns begegneten – mehr nicht. Ich weiß nicht, ob sie das vielleicht im Gefühl hatte, jedenfalls ausgerechnet zu diesem Zeitpunkt, als wir die Tabletten zu uns nehmen wollten, kam sie dazu und sagte: ›Um Gottes willen! Was macht ihr? Was soll das werden hier?‹ – Und da hab ich ihr alles geschildert. Da nahm sie die Tabletten, schüttete sie ins Waschbecken und sagte: ›Das kommt nicht in Frage, wir finden eine Lösung. Ich habe selber nicht viel, aber wir finden eine Lösung‹. Sie kochte uns ein kleines Süppchen und sagte: ›Das Leben muss weitergehen.‹ Und so haben wir uns dann weiter durchgeschlagen.«

Die Kindheit der in den dreißiger Jahren Geborenen war durch die katastrophalen Verhältnisse vor und nach Kriegsende 1945 überschattet. Obwohl es innerhalb Deutschlands Unterschiede gab, hatte nahezu jede und jeder aus dieser Generation lebensbedrohliche Erfahrungen machen müssen: Bombardierungen, Verwicklung in Kämpfe, Verletzung oder die Demütigung der Mutter, Verlust des Vaters, der Wohnung, der Habe, Flucht und Vertreibung oder die Erfahrung des sozialen Abstiegs und die Umsiedlung in ein feindliches Umfeld. Die Kinder dieser Jahre hatten im unbarmherzigen Überlebenskampf zu bestehen – das war die erste »Normalität«, die sie kennenlernten. Sehr früh wurden sie in die Pflicht genommen und dazu gezwungen, Verantwortung für sich selbst und für die Familie zu übernehmen. Dabei orientierten sie sich an den Bewältigungsstrategien ihrer Mütter: In dieser Zeit schien es zwecklos, zuweilen sogar gefährlich, Gefühle wie Trauer, Kummer, Verzweiflung zu zeigen. Die Mütter fühlten sich alleine, verlassen, hilflos den ungeheuren Herausforderungen der Rationen-Gesellschaft gegenüber. Und so waren auch diese Kinder dauerhaft dem Zwang ausgesetzt, nicht zu jammern, nicht zu resignieren, denn die Selbstaufgabe hätte das Ende bedeutet. Früh lernten sie eine Art von Rücksichtslosigkeit sich selbst und anderen gegenüber.

Mehr als 100 000 Kinder führten noch 1946 das Leben von Vagabunden, allein in der britischen Zone schätzte man die Zahl auf 40 000. Viele rutschten durch Diebstahl und Schwarzmarktgeschäfte in die Kriminalität ab. In nur einem Monat wurden beispielsweise im Großraum Berlin 280 Kinder im Alter von acht bis 14 Jahren festgenommen; 199 des Diebstahls, 23 des Einbruchs, der Rest wegen Schwarzhandels und Körperverletzung angeklagt.[69] Viele dieser Jugendlichen und Kinder organisierten sich in Banden. Im November 1946 machte in München solch eine Bande, die »Panther« genannt, von sich reden. Sie hatten systematisch Lebensmittel und Zigaretten auch mit Waffengewalt aus amerikanischen Versorgungslagern geraubt, um sie auf dem Schwarzmarkt zu verkaufen. Morde, Mordversuche, Erpressungen gingen auf das Konto dieser Jugendkriminellen. Von den jugendlichen Straftätern waren sicher nicht alles Waisen, oft genug ermunterten die Mütter ihre Kinder, Nahrung zu »organisieren« oder gestohlene Waren zu verschieben, wissend, dass Kontrollen und Strafen bei den Heranwachsenden nicht so scharf angewendet wurden.

Anders die Eltern Günther Kammeyers, der heute freimütig gesteht, alles, was nicht niet- und nagelfest war, mit seinem Bruder Klaus »organisiert« zu haben. »Wir waren – auf Deutsch gesagt – eine Diebesbande. Aber das waren alle. Die ganze deutsche Bevölkerung. Um zu überleben, haben wir geklaut. Wie Raubtiere. Vor uns war nichts mehr sicher. Alles brachten wir nach Hause. Und Mutter und Vater sagten wir immer, das haben wir gefunden, abbekommen von anderen. Natürlich haben unsere Eltern das nicht für bare Münze genommen. Aber sie nahmen es hin, vielleicht sogar ein bisschen dankbar. Aber auf der anderen Seite sagten sie: ›Ihr dürft das nicht. Ihr müsst ehrlich bleiben. Ihr dürft diese Dinge nicht übertreiben. Und vor allem: Wir möchten keinen Ärger mit der Polizei oder mit irgendwelchen Behörden. Ihr müsst gute Menschen bleiben.‹«

Als im November die Kälte einsetzte, drangen Günther und sein Bruder in abgezäunte Bahnanlagen ein und holten von dort ganze Bahnschwellen. In ihrer Begeisterung über dieses phantastische Heizmaterial verloren sie allerdings einmal den Überblick. »Wir hatten es nicht mitbekommen, dass wir von der Polizei umzingelt waren. Und ehe wir weglaufen konnten, stand Polizeihauptwachtmeister Finke mit seinen ›Pudels‹, so nennen wir die Polizisten in Hamburg, plötzlich vor uns.«

Hauptwachtmeister Finke, ein Nachbar der Familie, hatte die Kinder festgenommen und in Handschellen abführen lassen – in die Polizeiwache, genau gegenüber der elterlichen Wohnung in Fuhlsbüttel. Erst am nächsten Morgen, als Finkes Dienst zu Ende war, wurden sie wieder entlassen – und bekamen von der Mutter eine Standpauke zu hören: »Ein Riesen-Theater: ›Was hab ich mir für Sorgen gemacht! Wo seid ihr denn gewesen? Was habt ihr denn wieder angestellt?‹ Das war pädagogisch hervorragend eingefädelt, denn was keiner von uns seinerzeit glauben mochte, was wir alle erst viel später erfahren haben: Alles war abgekartet! Die eigene Mutter hatte uns an die Polizei verpfiffen; hatte zu Finke gesagt: ›Ich krieg das nicht mehr in den Griff mit den beiden Jungs, das sind ja Wilde, die sind nicht mehr zu bändigen! Die brauchen einen Dämpfer!‹ Und hat so mit diesem Hauptwachtmeister Finke diesen Deal gemacht, uns mal so richtig einzulochen, so wie Verbrecher. Damit wir etwas lernen!«

Wo es ein solches Korrektiv durch die Eltern nicht gab, mussten die Jugendämter aktiv werden. Die Einweisung in Kinder- und Jugendheime blieb oft als einzige Möglichkeit, die Abwärtsspirale in Verwahrlosung und Kriminalität zu stoppen. Die Heime waren übervoll mit orientierungslosen, verlassenen Kindern, darunter viele, von denen man nicht einmal wusste, wie sie hießen und woher sie kamen. Die Eltern waren ums Leben gekommen oder in den Wirren der Flucht von ihren Kindern getrennt worden.

Von den verzweifelten Bemühungen, wenn irgendwie

möglich Eltern, Angehörige oder Bekannte zu finden, berichtet Elisabeth Dörffel. Sie war achtzehn Jahre alt, als sie 1946 das Angebot bekam, an der Produktion der DEFA-Wochenschau, des *Augenzeugen*, mitzuarbeiten. Die Produktion nahm sich des Schicksals eben jener verzweifelten Menschen an, die ihre Angehörigen suchten.[70] Elisabeth Dörffel organisierte Suchaktionen, in der Kinder jeden Alters ihre Eltern suchten oder Eltern ihre Kinder. Sie fuhr mit den Kameraleuten in die Heime, in denen die elternlosen Kinder untergebracht waren, und betreute die Kleinen bei den Filmaufnahmen. Sie erinnert sich, dass sie für die Suchmeldungen namenlose Kinder nach ihrem Fundort benannt hatten – so bekam ein kleines Mädchen, das im Wald bei dem kleinen Dorf Halbe südöstlich von Berlin gefunden worden war, den Namen Waltraud Halbe.

In den ersten Wochen gab es sehr wenige Vermittlungserfolge. Doch die Anzahl der eingehenden Briefe wuchs von Tag zu Tag. Elisabeth Dörffel legte eine Kartei mit Filmbild und allen Informationen an. Wenn sich Eltern meldeten, kam es zu berührenden Szenen des Wiedersehens. So fand ein Vater durch die Wochenschaubilder seine beiden Söhne Reinhard und Adam wieder, die ihn, die Mutter und vier Schwestern auf einem Flüchtlingstreck verloren hatten: »Der Vater reiste sofort nach Berlin und kam zu mir ins Büro. Schnell wurden die Unterlagen und die Karteikarte mit den Bildchen herausgesucht, und wir fuhren gemeinsam ins Kinderheim. Es war das Johannesstift in West-Berlin, wo der Vater überglücklich seine Kinder in die Arme schließen konnte. Auch der *Observer* aus Amerika machte am 8. November 1946 Fotos und Reportagen für seine Zeitung.« Der Vater schrieb später an Elisabeth Dörffel: »Für

Ihre Mühe bin ich Ihnen unendlich viel Dank schuldig, denn nun bin ich wieder ein glücklicher Mensch, seit ich alle meine Kinder bei mir habe. Meine Frau ist auch ganz anders geworden. Als wir durch das Haustor traten, stimmten wir, die Jungen und ich, das Lied an: ›In der Heimat, in der Heimat …‹ Mit Freudentränen kamen alle herausgestürmt, dann wurde das Wiedersehen gefeiert.«[71]

Besonders betroffen von Hunger und Kälte waren neben den Kindern gebrechliche und alte Menschen. Allein hatten sie kaum Überlebenschancen, sie waren im Besonderen auf die Familie angewiesen, der Wohlfahrt Angehöriger ausgeliefert. Als »nicht tätige Menschen« waren sie für die Behörden eine Belastung und erhielten nur minimale Lebensmittelrationen. In der SBZ wurden sie in die Gruppe V, als »Sonstige«, eingestuft, deren Zuteilungen »zum Sterben zu viel, zum Leben zu wenig« waren, und auch in den Westzonen wurden Zulagen für Rentner generell abgelehnt.

Nachdem die Berliner Familie Lange – Mutter, Großmutter und zwei Geschwister – nach ihrer Evakuierung in die Stadt zurückkehrte, bemühte sie sich sogleich um Lebensmittelkarten. Um Anspruch auf Lebensmittelzuteilung zu haben, musste der Zuzug von der sowjetischen Kommandantur genehmigt werden, was nach Aussagen des Sohnes auf willkürliche und reichlich selbstherrliche Art vonstatten ging: »Der Offizier sah sich die Leute an – Daumen rauf, Daumen runter. Sein ›Njet‹ war gefürchtet. Wir – meine Mutter und die Kinder – wurden ohne Probleme angenommen und bekamen auch gleich Lebensmittelkarten, aber meine Oma wurde abgelehnt, obwohl sie einen Schlafplatz, ihre eigene Wohnung, vorweisen konnte. Wir mussten sie also mit unseren schon sehr kargen Rationen durchfüttern, das war eine große Belastung. Es reichte ja vorne und hinten nicht. Das ging eine ganze Weile so – erst beim dritten Anlauf wurde ihr Aufenthalt genehmigt. Dann bekam sie die Fünfer-Karte, die kleinsten Rationen waren das.«

Der Familie Kotsch, die in ihrem angebombten Haus in Berlin-Hermsdorf lebte, war der Großvater dennoch eine unentbehrliche Stütze, da er dank seiner Vergangenheit etwas von Vorratswirtschaft verstand. Er machte sich überall nützlich, wusste und konnte alles: »Er hat angefangen, Nutzpflanzen in den Garten zu setzen, lange bevor wir überhaupt wussten, was Hunger ist. Er hielt Hühner, eine Ziege, Schweine, machte unsere Wurst selbst, lagerte Äpfel auf dem Dachboden und weckte Beeren aller Art aus unserem Garten ein.« Ohne ihren Großvater, da ist sich Inge Kotsch sicher, hätten sie und die Ihren den harten Winter 1946/47 nicht überlebt.

7. KAPITEL

Kalte Weihnacht 1946

> Meinen Eltern war es nicht danach, Weihnachten zu feiern: Mein großer Bruder, der Erich, der war bei Stalingrad gefallen, und der andere Bruder, der Rudi, der war noch vermisst. – Aber wir, als kleine Familie, wir wollten unser erstes Weihnachten feiern.
>
> *Lotte Szelski*

Wer am 4. Dezember 1946 in München die *Süddeutsche Zeitung* aufschlug, erfuhr, dass die Stadtverwaltung 70 Wärmestuben eröffnet hatte, damit es 50 000 Menschen wenigstens für ein paar Stunden am Tag behaglich haben konnten. Alte und kränkliche Menschen konnten abends sogar ihre mitgebrachten Wärmflaschen mit heißem Wasser füllen, bevor sie in ihr kaltes Heim zurückkehrten.[72]

Elektrische Raumheizungen waren in diesen Tagen nicht nur in München verboten worden; Strom war überall knapp. Die Geräte boten häufig die einzige Möglichkeit, der Kälte in diesen Tagen Herr zu werden. Aber sie schluckten nicht nur zu viel Energie, sie waren auch gefährlich. Oft gingen solche Heizungen – Drahtspiralen, die vom Strom erhitzt wurden und ihre Wärme an Ton- beziehungsweise Steingefäße abgaben, oder selbst konstruierte Heizdecken – in Flammen auf.

Der Hunger war nun nicht mehr das alleinige Problem. Im Dezember 1946 hatte »General Winter« die Herrschaft übernommen. Überall fehlte es an Brennmaterial. Als eine zweite Frostwelle mit Tiefsttemperaturen von bis zu 20 Minusgraden über Deutschland hereinbrach, boten die notdürftig zusammengeflickten Unterkünfte keinen Schutz mehr. Alle Kleidungsstücke, die sie noch besaßen, am Leib tragend, saßen die Menschen in eisigen Wohnungen, in die der Frost durch die mit Pappe vernagelten Fenster kroch.

Claus Möller, Jahrgang 1928, erinnert sich, wie versucht wurde, das Elternhaus, das kaum Schutz gegen die Kälte bot, wenigstens etwas warm zu bekommen: »Auf den Bettdecken bildete sich Eis. Nur in der Küche war der Herd heiß. Die Kohlezuteilung war ja mehr als dürftig. Wir hatten einen Grudeofen, der war verbreitet damals, eine Art Blechschrank in Tischhöhe mit verschiedenen Einschüben: für das Glutbett zum Kochen, zum Warmhalten und zur Lagerung des Grudekoks. Er bestand aus Rückständen der Braunkohleverarbeitung, für die es sonst keine Verwertung gab, pulvriges Zeug, das langsam brannte und ruhig glimmte. Wir haben im Wald auch Stubben, also Baumwurzeln, geholt – die machten dreimal warm: beim Ausgraben, beim Zerkleinern und schließlich beim Heizen. Beim Torf blieb irgendwann der Nachschub aus. Der wurde in andere Kanäle geleitet, um dann für teuer Geld verkauft zu werden.«

Die Menschen rückten in der Küche zusammen – sofern sie eine hatten und Grudeöfen und »Brennhexen« nicht in den Zimmern standen. Wo gekocht wurde, war Wärme – bis der kondensierte Dampf an den Wänden zur Eisschicht gefror. Die Haushalte wurden nur sporadisch mit sogenanntem »Hausbrand« versorgt, denn ein Großteil der Kohle wurde für die letztlich spärliche Stromversorgung benötigt. Für den privaten Verbrauch blieb da kaum etwas übrig. Stromsperren waren alltäglich, in vielen Städten gab es Stromzuteilungen nur in der Nacht. So wurde auf den Elektroöfen nächtens gekocht, was man für den nächsten Tag im Bett oder der »Kochkiste«, einem mit alten Lappen oder Stroh ausgepolsterten Kasten, warm hielt oder auch zu Ende garte.

»Wir bügelten die Hose meines Stiefvaters, indem wir sie unter die Matratze legten«, erzählt Ursula Stenzaly aus Hamburg. Mit ihrer Mutter und dem Stiefvater lebte die Neunjährige in einem ihnen zugeteiltem Zimmer in einem hochherrschaftlichen Haus am Schwanenwik in Hamburg – mit Blick auf die zugefrorene Alster. »Was nützten die großen schönen Häuser, wenn die Zentralheizung nicht funktionierte und es keine Möglichkeit gab, selbst Feuer zu machen. Da starrt man auf den kalten Heizkörper und nichts passiert. Ich kann mich erinnern, wir hatten nur so ein kleines Öfelchen mit Elektrodrähten innen drin. Aber das durfte man nicht lange anlassen.«

Die dauerhafte Unterversorgung mit Strom war Ende November Streitpunkt auf der Sitzung des Zonenbeirates der britischen Zone in Hamburg. Die zunehmenden Zusammenbrüche des Stromnetzes in allen vier Zonen erreichten bedrohliche Ausmaße. Angesichts des strengen Winters forderten die deutschen Zonenratsmitglieder von der britischen Militärregierung einen verstärkten Interzonenhandel mit Strom und die Aussetzung der als Reparationen an Frankreich zu leistenden Stromlieferungen.[73] Ursächlich verbunden mit dem Notstand in der Stromversorgung war das Problem der Kohleförderung und -verteilung. So verfügten die Elektrizitätswerke Niedersachsens über einen Kohlenvorrat für höchstens 14 Tage. Bereits zu Winterbeginn hatten etliche E-Werke für Monate stillgelegt werden müssen oder arbeiteten nur eingeschränkt.[74]

Im Protokoll der Beiratssitzung wird angemahnt, dass die Steinkohle-Fördermenge im Oktober 1946 mit etwa 60 Millionen Tonnen nicht einmal der Hälfte des Vorkriegsvolumens entsprochen hatte und bei weitem nicht ausreichte. Leistungsanreize für die Bergleute, wie Erhöhung des Kaloriensatzes, eine 20-prozentige Lohnerhöhung und Prämiensysteme, hätten Abhilfe schaffen sollen. Doch die Stimmung unter den Bergleuten im Ruhrgebiet war im Keller. Was nutzten den Schwerstarbeitern 1000 Kalorien mehr, wenn die Nahrung unausgewogen und schlecht blieb und durch fortgesetzte Demontagen Betriebe lahmgelegt wurden: »Die Demontage von industriellen Anlagen hat unter der hungernden und frierenden Bevölkerung mit Recht eine derartige Beunruhigung hervorgerufen, dass eine außerordentlich ernste Lage eingetreten ist.«[75]

Zudem arbeiteten die oftmals veralteten Anlagen nicht effektiv, oder es fehlte an qualifizierten Bergleuten, die durch unerfahrene Arbeitskräfte ersetzt werden mussten.[77] So verwies der Berichterstatter des Wirtschaftspolitischen Ausschusses noch einmal darauf, dass die deutsche Wirtschaft nur als ein zusammengewachsenes Ganzes funktioniere, und warnte, dass sie nun unmittelbar vor der Gefahr stünde, in chaotische Zustände zu versinken. Er mahnte Maßnahmen in letzter Stunde zur Abwendung dieser furchtbaren Gefahr an. Es sei unabdingbar, den für den Wiederaufbau notwendigen Betrieben die erforderlichen Mengen an Brennstoff, elektrischem Strom und Gas zu gewähren. Ein völlig zersplitterter und kraftloser Wirtschaftskörper bedürfe einer sorgsamen und schonenden Behandlung. Ihm müssten die nötigen Hilfen gewährt werden. Die Lage erfordere die sofortige Beendigung der Stilllegungen und die Einstellungen der Demontagen auf allen Wirtschaftsgebieten. Reparationen aus der laufenden Produktion ließen jeden Wiederbelebungserfolg von vornherein illusorisch erscheinen.[77]

Kohle war die wichtigste Rohstoffbasis nicht nur der deutschen Industrie. Sie war Voraussetzung für das Funktionieren von Verkehr und Transport, lieferte Energie für Industrie und Haushalte – und war für die Alliierten ein wichtiger Exportartikel, den sie allerdings zum Nachteil der angeschlagenen deutschen Wirtschaft weit unter Preis verkauften. Zudem wurden den Deutschen die erzielten Erlöse nicht in Devisen, sondern in Reichsmark gutgeschrieben.[78] Der infolge der separat agierenden Wirtschaftszonen nicht mehr existierende Austausch und Handel innerhalb Deutschlands führte darüber hinaus zur unwirtschaftlichen Verwendung wertvoller Güter: Braunkohle aus der SBZ, die zur Verfeuerung in privaten Haushalten bestens geeignet gewesen wäre, diente dort nun zur Feuerung von Lokomotiven mit schlechter Effizienz, während in den Westzonen die wertvollere Steinkohle der Industrie entzogen werden musste, um privat verheizt zu werden.[79] Ein weiteres großes Problem bei der Verteilung der Kohle war das desolate Transportsystem, das im Krieg Ziel der Zerstörung durch britische und amerikanische Bomberflotten gewesen war. Brücken, Gleisanlagen, Stellwerke, Werkstätten waren systematisch unbrauchbar gemacht worden. Bei Kriegsende waren mehr als 90 Prozent des Streckennetzes nicht befahrbar, die Städte im Ruhrgebiet, der »Waffenschmiede des Reiches«, völlig vom übrigen Deutschland isoliert.[80] Schäden, deren Auswirkungen noch lange spürbar blieben.[81] So war es erst ab Mitte des Jahres 1947 möglich, alle an Waggons und Lokomotiven aktuell erforderlichen Reparaturen durchzuführen.[82] Mit Einbruch der – wie die Leute sie nannten – »arktischen Kälte« im Winter 1946 mussten die fehlende Logistik und der desolate Zustand des Transportwesens zur Katastrophe führen.

»Es wurde dramatisch kalt für unsere Breiten«, erzählt Günther Kammeyer, der noch nie solche Temperaturstürze erlebt hatte, »ein ganz ungewöhnlicher Winter sei das, wurde auch von den Erwachsenen berichtet. Das war, brutal gesagt, eine Arschkälte. Und unvorstellbar, dass es immer noch kälter wurde, es gab für uns eigentlich gar keine Steigerung mehr. Die Häuser waren ja schon total ausgekühlt, geheizt werden konnte gar nicht mehr. Es gab keine Kohlen, es gab kein Brennmaterial, es war ja alles aufgebraucht, was man selbst im Haus vielleicht hätte verfeuern können. Somit fühlten wir als Jungs uns aufgefordert, Brennmaterial ranzuschaffen, egal woher und was. Trotz der Lektion mit Wachtmeister Finke – es half ja nichts.«

Günther Kammeyer hat noch heute die Bilder vor sich, wie er mit seinem Bruder loszog. Vermummt mit Pudelmützen und Schals, unter den kurzen Hosen lange kratzige Strümpfe, gingen sie auf die Jagd nach Heizmaterial, nahmen Parkbänke auseinander, rissen Gartenpfähle und -pforten ein: »Ein Gartentor, das hat sich regelrecht gegen uns gewehrt, da kam man sogar ins Schwitzen! – aber wir haben es geschafft! Wir haben es zerlegt, ganz und gar auseinandergerissen haben wir es.«

Dem überall einsetzenden aggressiven Holzklau fiel auch der Gartenzaun der Familie Kotsch in Berlin-Hermsdorf zum Opfer, den Opa Kotsch in alter Siedler-Manier im Herbst noch mühevoll zur Straße hin gebaut hatte, um die wertvollen Hühner zu schützen. Inge Kotsch erinnert sich: »Eines Morgens im Dezember war der Zaun einfach fort: mit allen Pfosten und Latten. Keinen Spreißel, keinen Nagel hatten sie liegen lassen. Opa tobte im Garten. Er konnte es einfach nicht fassen, dass irgendein Sauhund es jetzt statt unsrer schön warm haben sollte, und das von seinem Zaun!«

Die Beschaffung von Brennholz wurde neben der Sorge um Nahrung zum wichtigsten Lebensinhalt. Alles, was sich irgendwie verfeuern ließ, wurde demontiert und verschwand in Rucksäcken und unter Decken auf dem Handwagen: ob Schiffsruder, Baumaterial oder noch vorhandener Baumbestand auf öffentlichen Plätzen. Ganze Alleen und Stadtwälder fielen den Äxten zum Opfer. Selbst im Berliner Tiergarten mussten die Behörden das Abholzen freigeben, damit die vom Hunger geschwächten Menschen ein wenig Brennmaterial nach Hause schaffen konnten, um nicht zu erfrieren. In Nacht-und-Nebel-Aktionen wurde abgeholzt, wo es noch etwas zum Abholzen gab, und die Beute durch die Stadt und übers Land gekarrt.

Auch Martin Schneider und seine kleine Schwester zogen los, um für sich und die im Bett liegende kranke Mutter Brennmaterial und Nahrung zu organisieren – mehrmals täglich: »Mit dem Holz alleine war's nicht getan, das Holz verfliegt, und in fünf Minuten ist die Wohnung wieder kalt. Wir brauchten Kohlen, aber die gab's nicht. Vom Essen ganz zu schweigen. Und wenn wir was zu essen hatten, dann hatten wir garantiert nichts zu feuern; dann haben wir gefroren. Es blieb uns nichts anderes übrig, als in die Wälder zu gehen, wir haben uns jeder einen Rucksack geschnappt oder irgendeine Tasche und machten uns auf den Weg. Und somit sind wir laufend unterwegs gewesen. Einmal Betteln ums Essen, einmal wieder, damit wir was zum Feuern hatten. Das war schlimm.«

Kälte und Nahrungsmangel, Frieren und Hungern stürzten die Menschen in einen Teufelskreis. Wer sich der Kälte aussetzte, verbrauchte mehr Kalorien, aber einen Lebensmittelvorrat anzulegen war kaum möglich.

Gerhard Lange aus Berlin erinnert sich genau, wann er den Ernst der Lage erkannte. Er war neun Jahre alt: »Vater hatte einen guten Anzug, den haben wir immer irgendwie gerettet. Wir hatten ihn sogar mit uns aus Berlin evakuiert, fein säuberlich zusammengelegt in einem Köfferchen mitgeschleppt, behütet wie einen Augapfel haben wir den nach Berlin wieder zurückgebracht. Dieser Anzug war eine feste Größe in meinem Leben.

Eines Tages sah ich ihn als Schutz vor der Kälte auf der dreckigen Kartoffelkiste liegen. Erst da wurde mir bewusst, in welcher Situation wir uns wirklich befanden. Den Kartoffelvorrat vor Frost zu schützen war das A und O! Die Kiste stand ja in der ungeheizten Diele, die zudem noch ein Loch im Fußboden hatte, durch das die Kälte zog. Jeden Abend haben wir die Kartoffeln kontrolliert, ob sie einen Hau weghaben. Und eines Abends war es dann wirklich so weit: eine Frostkartoffel! Mein Vater und ich haben die ganze Kiste kontrolliert, jede Kartoffel in die Hand genommen, gedreht und gewendet. Meine Mutter hat geweint, konnte es gar nicht mit ansehen. Acht Pfund mussten wir aussortieren! Die haben wir am selben Abend noch ›notgeschlachtet‹, also fein in kochendes Wasser gerieben. Mein Vater und ich haben uns an der Suppe zur Belohnung zuerst satt gegessen!«

Harald Walter, Arzt in der Lübecker Frauenklinik, lebte mit seiner Frau und dem kleinen Sohn in einer kleinen Wohnung: »Das eine Zimmer war eine Abstellkammer von zirka sechs Quadratmetern, das andere Zimmer hatte wohl gut zwanzig. In der Wohnung gab es eine Zentralheizung, die natürlich nicht in Betrieb war, weil keiner Kohlen hatte. Deshalb stellte uns ein lieber Patient eine Brennhexe ins Zimmer. Das Ofenrohr wurde in eine Klappe des Schornsteins eingeführt, und die Brennhexe stand in der Mitte des Zimmers in Augenhöhe auf einem Gestell. Geheizt wurde mit allem, was brennbar war. Man sammelte Zweige auf und jeden Fetzen Papier und Pappe. Unsere Oma in Lippoldsberg schickte uns einmal per Fracht eine große Kiste – zirka 2 mal 2,5 Meter hoch! – voll mit im Wald gesammeltem Brennholz. Damit konnten wir in diesem strengen Winter wenigstens kochen und etwas heizen. Strom und Gas wurde ja nur stundenweise geliefert. Aber wir hatten doch mal acht Grad minus im Zimmer, so dass unser zweiter Sohn, der im Oktober geboren war, Erfrierungen an den Händen und im Gesicht bekam.«

Träume aus dem Carepaket

Kisten mit Feuerholz waren freilich persönliche »Carepakete« der besonderen Art. Glücklich konnte sich schätzen, wer gerade jetzt in der Weihnachtszeit eine dieser heiß begehrten Sendungen bekam.

CARE, die bald nach dem Krieg gegründete *Coopera-*

tive for American Remittance to Europe, war eine der wichtigsten privaten Hilfsorganisationen. Die ersten Carepakete wurden im Sommer 1946 verteilt. Anfangs stammten die Lebensmittel größtenteils aus den Depots der US-Armee, schon sehr schnell jedoch spendeten US-Bürger den Inhalt der Pakete, die dann über CARE an Privatadressen in Deutschland weitergeleitet wurden. Bis zum Januar 1947 kamen rund fünf Millionen Carepakete in Deutschland an. Hauptsächlich enthielten sie Büchsenfleisch, Fett in Dosen, Kekse, Marmelade, Kakao, Schokolade, Zigaretten.

Die Carepakete wurden zum Mythos, fast jeder hoffte auf eine solche Überlebenshilfe, was jedoch den Umfang der Lieferungen weit überstieg. Im Jahr 1946 erhielt statistisch gesehen einer von 146 Menschen in den Westzonen ein Carepaket.

In einer Erklärung machte der Leiter der CARE-Verteilung für Deutschland, Lewis M. Gable, dann auch deutlich, dass eine flächendeckende Verteilung unrealistisch war:

»Es hat sich herausgestellt, dass viele Deutsche der Ansicht sind, dass eine große Anzahl der eingegangenen Carepakete zur allgemeinen Verteilung in Deutschland bestimmt ist. Diese Ansicht ist unzutreffend. Der CARE-Dienst verfolgt lediglich den Zweck, es amerikanischen Bürgern zu ermöglichen, Nahrungsmittel an bestimmte deutsche Empfänger zu schicken. Amerikanische Bürger oder Organisationen können solche Pakete auch kaufen, ohne einen bestimmten Empfänger zu nennen, die Beteiligung daran war aber bislang sehr gering. CARE-Verteilung unterscheidet sich wesentlich von anderen Hilfsorganisationen. Missverständnisse und Enttäuschungen können vermieden werden, wenn Personen, die keine Aufforderung erhalten haben, davon absehen würden, mit dem CARE-Büro beziehungsweise dem CARE-Lager in Verbindung zu treten.«[83]

»Wir haben nie ein Carepaket gesehen!«, erzählt dann auch Ingetraut Lippmann, die den Winter als Flüchtlingskind in Freyburg an der Niederelbe erlebte, »wir kannten welche, die hatten einen kleinen Bauernhof und zusätzlich noch eine Gaststätte, die hatten Verwandte in Amerika und haben ein Carepaket bekommen. Die Tochter von denen zeigte mir mal: ›Guck hier, meine Seidenstrümpfe, die darf ich nur mit Handschuhen anziehen. Die hat mir gerade Tante Sowieso aus Amerika geschickt, die waren im Carepaket drin, die darf ich schon anziehen, hat Mutti mir gesagt.‹ Und ich habe mir überlegt, was könnte ich jetzt schon mit Seidenstrümpfen anfangen!«

Auch Helene Bornkessel aus Hamburg bekam den Inhalt eines solchen Paketes nur von weitem zu sehen: »Unsere Nachbarn in Neugraben, die kriegten zweimal ein Carepaket; die hatten im Hafen gearbeitet und sind da irgendwie über Beziehungen rangekommen. Einmal sagte sie zu mir: ›Kommen Sie, Sie können ja mal gucken, ob Sie irgendwas brauchen können.‹ Und ich: ›Oh ja, das ist ein schönes Unterkleid, das könnte ich wohl gebrauchen, ich hab ja keines.‹ Aber die Nachbarin meinte: ›Das kann ich Ihnen nicht geben, das bewahre ich auf für meine Enkelin, das kriegt die, wenn sie achtzehn ist.‹ Die Enkelin war damals neun Jahre alt!«

So war Carepaket nicht gleich Carepaket. Aus verschiedenen Ländern und durch unterschiedliche Organisationen kamen Pakete gänzlich verschiedenen Inhalts zur Verteilung.

Vom 1. März 1947 an wurden auch »wirtschaftliche Haushaltspakete« und Textilpakete ausgegeben, die zwei Wolldecken, Nadeln, Garn, Stopftwist und zwei paar Schuhsohlen mit Nägeln enthielten.

Mit dem Inhalt der Carepakete wurden die Deutschen in den Westzonen zugleich mit US-amerikanischen Produkten vertraut – ein durchaus willkommener Nebeneffekt dieser umfangreichen Hilfsaktion. Schon 1943 hatte der aus Nazi-Deutschland emigrierte Eric Woldemar Stoetzner vor einem Zirkel renommierter amerikanischer Werbefachleute den Gedanken ausgeführt, mit Lebensmitteln und Konsumgütern auch die Demokratie zu exportieren. Die Verwirklichung einer »Konsumdemokratie« im Nachkriegsdeutschland fand in der amerikanischen Öffentlichkeit sogleich Zuspruch.

Eines der ab März 1947 ausgegebenen Standardpakete, die zuweilen variierten, enthielt zum Beispiel:

340 Gramm	Frühstücksfleisch
170 Gramm	Seife
1 Pfund	Leberkäse
1 Pfund	Geschmortes Rindfleisch
2 Pfund	Zucker
2 Pfund	Pflanzenfett
2 Pfund	Mehl
2 Pfund	Trockenobst
1 Pfund	Kaffee
½ Pfund	Trockenei
2 Pfund	Schokolade
1 Päckchen	Chewing Gum.[84]

Günther Kammeyer aus Hamburg erinnert sich daran, wie er dank des Carepakets das erste Mal einen Kaugummi probierte: »Ich kriegte so ein weißes Zeug in die Hand gedrückt, das schmeckte eigenartig, und da hab ich zwei, drei Mal drauf rumgebissen und es runtergeschluckt. ›Tschew-, Tschewing Gam …‹ – Erst viel, viel später erfuhr ich, dass man den nicht runterschluckt, sondern nur darauf rumkaut.«

Für die Verteilung und Ausgabe der Pakete waren deutsche Wohlfahrtsverbände verantwortlich, zunächst Caritas und Innere Mission. Entsprechend einer Vorgabe der Militärbehörden bildeten sie einen Zentralausschuss der Spitzenverbände der freien Wohlfahrtspflege zur Einfuhr und Verteilung ausländischer Spenden. Im Herbst 1946 kam die wieder ins Leben gerufene Arbeiterwohlfahrt hinzu, später das Deutsche Rote Kreuz und der neugegründete Paritätische Wohlfahrtsverband. Der Ausschuss erhielt sein Büro in Bremen im Haus des Reiches, das einst die Reichsfinanzverwaltung der Hansestadt beherbergt hatte und nach dem Krieg von amerikanischen Militärbehörden requiriert worden war. Dort hatte auch CARE sein Deutschland-Domizil aufgeschlagen. Die Geschäftsführung des Zentralausschusses der deutschen Wohlfahrtsverbände übernahm Pastor Heinrich Johannes Diehl.

Am bekanntesten waren neben den Carepaketen die Schweizer- und die Schwedenspende, deren Sammlung und Verteilung ähnlich organisiert waren wie die von CARE. Die Schweizer Spende an die Kriegsgeschädigten in Europa, eine öffentliche Sammlung der neutralen Schweiz, gab es von 1944 bis 1948. Die dringlichsten Hilfeleistungen galten dem Kampf gegen den Hunger, die Kälte und gegen Obdachlosigkeit und Krankheit. Die von Schweizer Fachleuten betreuten Hilfsprojekte reichten bis zu Einrichtungen für Schulen und Krankenhäuser. Für die Hilfsarbeit galt der Grundsatz der Überparteilichkeit. Weder konfessionelle noch politische Einstellung, sondern allein das Ausmaß der Not sollte eine Rolle spielen. Das Schwedische Rote Kreuz begann unmittelbar nach Kriegsende Lebensmittel, Kleidung und Medikamente in die zerstörten Gebiete und vor allem nach Deutschland zu verschicken. Zwischen 1945 und 1948 erhielten zum Beispiel viele Kinder ihre Schulspeisung aus der Schwedenspende.

Um die Jahreswende 1946/47 lagerten in einer Halle am Berliner Westhafen die 10 bis 50 Pfund schweren, fest verpackten Kartons der Schwedenspende. Es gab den Typ »Baby«, der Milch, Honig und Lebertran enthielt, den Typ »Haushalt« mit Fleisch, Fett und Nährmitteln, den Typ »Luxus« mit Kaffee, Tee und Kakao, darüber hinaus Medikamente und Babytextilien. Das »billigste« Paket im Wert von 12 schwedischen Kronen barg eine große runde Büchse mit 40 Matjesheringen. Um die Jahreswende wurde das hunderttausendste Paket in Berlin erwartet.[85]

Inge Kotsch aus Berlin-Hermsdorf erinnert sich, dass Amerikaner Carepakete aus ihren Armeebeständen auch an Bewohner der SBZ lieferten. Zur Verteilung kamen sie offenbar nicht immer: »Am Bahndamm rissen die russischen Soldaten schon die Pakete auf, holten sich die Zigaretten raus und was sie sonst so gebrauchen konnten. Was sie nicht interessierte, warfen sie einfach in den Graben. Meine Schwester und ich holten uns dort Marmelade und Dosen mit Bohnen.«

Ein anderer Berliner Zeitgenosse berichtet dagegen von der wunderbaren Fügung, zwei Pakete bekommen zu haben.[86] Sein Vater war Leiter einer Konsumfabrik im Ostsektor, er selbst und seine Großmutter lebten im Westsektor. Weihnachten und Ostern fielen sozusagen zusammen, als der Vater im Osten ein Pajok-Paket und die Großmutter von jüdischen Freunden aus Amerika ein Carepaket bekam. »Pajoks«, wie man sie kurz nannte, waren anders als die Carepakete keine Sonderabgaben für viele, sondern Zuteilungen direkt von den Sowjets, deren Empfänger nach politischen, gesellschaftlichen oder persönlichen Kriterien ausgewählt wurden. Dass sich sogar Glückseligkeit noch steigern lasse, habe er dann erfahren, als ihnen mitgeteilt wurde, die ihnen zustehenden acht Zentner Briketts stünden zur Abholung bereit. Sie erhielten eine Bescheinigung, nach der sie berechtigt waren, Kohlen aus dem Ostin den Westsektor zu bringen. Das bedeutete viele warme Abende.

Kleine Gaben und große Hoffnungen

Die zweite Friedensweihnacht stand vor der Tür, doch die seit Mitte des Monats anhaltende Kälte mit Temperaturen bis unter minus 20 Grad ließ nur schwer festliche Stimmung aufkommen. Dennoch – die Sehnsucht danach war groß bei den unter Hunger und Kälte leidenden Menschen. Gerade in dieser schweren Zeit wünschten sie sich, wenigstens für einige Tage das Elend vergessen zu können.

Zonenverwaltungen und auch die Alliierten entschlossen sich daher zu zusätzlichen Hilfsmaßnahmen. So ordnete der niedersächsische Landtag zur Sicherung der Stromversorgung von Privathaushalten den Industriestandorten über die Weihnachtsfeiertage bis in den Januar hinein eine Betriebsruhe an. In Verkaufsstellen der Westalliierten wurde in extra dafür aufgestellten Boxen Schokolade für die hungernden und frierenden deutschen Kinder gesammelt. Amerikanische und britische Soldaten bastelten sogar Weihnachtsgeschenke für sie: Stoffpferde, Holztiere und Weihnachtssterne. In Berlin genehmigten die Kommandanturen der vier Sektoren Sonderzuteilungen von Obst, Zucker, Mehl, Süßigkeiten, Wein und Spirituosen an die Bevölkerung.

Der Bedarf konnte damit aber lange nicht gedeckt werden, weshalb es gerade mit Spirituosen einen schwunghaften Handel gab. Oftmals wurde allerdings auch lebensgefährlicher Methylalkohol daruntergemischt oder sogenannter Kartoffelsprit mit Pfefferzusatz als hochwertiger Kognak verkauft. Echte Spirituosen waren begehrte Schmuggelware, und ein Dorado für Schmuggler war der Harz, der sich dank seiner geographischen Gegebenheiten für illegale Interzonengeschäfte geradezu anbot. Das größte Problem für die Händler bestand allerdings in der Bereitstellung von Flaschen, denn »Flaschen sind so selten wie Photo-Apparate«, erfährt man aus dem *Spiegel* Anfang 1947.[87] »Das Terrain ist abgegrast. Man nimmt zwei leere Flaschen mit, geht über die Grenze, gibt an bestimmten Stellen die beiden leeren Flaschen ab und erhält dafür eine gefüllte. Preis: 50 bis 60 Reichsmark. Im Inland kostet eine Flasche Schnaps 200 bis 250 Reichsmark. Nur ein Haken ist dabei. Man muss erst zwei leere Flaschen haben. Aus diesem Grunde muss man für eine leere Flasche diesseits ebenfalls 60 Reichsmark bezahlen, um jenseits eine gefüllte einhandeln zu können. Diese Tatsache hat viele findige Harzer auf die Flaschenjagd geführt, die ebenso lohnend ist wie der Schmuggel mit dem ›Geist‹. Sie fahren weit ins diesseitige Land hinein und kaufen leere Flaschen auf.« Während man am russischen Posten mit dem Schnaps gut vorbeikam, zumeist auf Verständnis stieß, verlor man bei Polizeikontrollen nicht nur den Schnaps und die teuer erworbenen Flaschen, sondern auch für drei Tage die Freiheit.

Eine Flasche Wein zum »Festessen«, einen Christbaum, Geschenke ... Wenigstens an den Weihnachtstagen etwas Normalität zu verspüren war Ansporn, das Beste aus der gegebenen Situation zu machen, sich um Dinge zu kümmern, die immer schon dazugehört hatten. Dem neunjährigen Erhardt Nitschke und seinem Zwillingsbruder aus Berlin ging es nicht anders, wobei das Duo daraus gleich eine Geschäftsidee entwickelte. Statt Alkohol schmuggelten sie Weihnachtsbäume: »Wir zogen los und schlugen im Wald Bäume, die wir später als Weihnachtsbäume anboten und verkauften. Wir organisierten mit unserem Holzwagen auch so eine Art Spedition und transportierten für 50 Pfennig oder einen Apfel gehamsterte Sachen.«

Viele versuchten, auf Hamsterfahrten Geschenke zu besorgen. Auch Martin Schneider und seine kleine Schwester wollten ihrer schwer depressiven Mutter zu Weihnachten eine Freude machen, obwohl sie selbst nichts hatten: »Und dann gingen wir mit meinem letzten Hemd zu dem Bauern, den wir schon mal angebettelt hatten – und nach langem Hin und Her hat er uns dann ein Kilo Salz, ein Kilo

Mehl und eine Flasche Essig gegeben, mit den Worten: ›Also gut, weil Weihnachten ist.‹ Und für uns war das wirklich eine Freude, das Letzte zu geben, was wir überhaupt noch hatten. Aber Mutter war eigentlich nicht dankbar dafür; sie musste wieder ins Krankenhaus, sie hat es praktisch gar nicht begriffen.«

Heiligabend wurde es still im schneeverwehten Deutschland. Auch im Hause der Kammeyers in Hamburg waren die letzten Vorbereitungen im Gange: »Unser Vater hatte den Weihnachtsbaum selbst gemacht. In einen alten Besenstiel bohrte er Löcher und bastelte in diese Löcher künstliche Zweige und Äste. Wir hatten dann noch einen alten Bestand von Lametta und Kugeln und – ich sehe das heute noch vor mir – als Spitze so einen silbernen Vogel, Marke Eigenbau. Nur ein paar wenige Talglichter brannten am Baum.«

Doch bevor die Kinder nicht sauber und ordentlich waren, sollte es keine Feier und Bescherung geben. Mutter Kammeyer rief die Kinder trotz eisiger Kälte in den Keller, in »den sogenannten Waschkessel. Einer nach dem anderen wurde dort abgeschrubbt, unter Riesengeschrei, und mit einem Wasserschlauch eiskalt abgespritzt.« Damit die Kinder nicht krank wurden, nahm Mutter Kammeyer gewärmte Backsteine mit der Feuerzange aus dem Ofen und legte sie in Zeitungspapier eingewickelt, einen Stein nach dem anderen, in die Betten der Kinder. Günther Kammeyer ist heute noch ganz von der Szene eingenommen: »Das gehörte alles dazu. Ärmste Verhältnisse, aber weihnachtliche Stimmung. Fast wie bei Maria und Joseph in der Krippe, so kam mir das vor. Ich war ein weiches Kind, mir kamen die Tränen. Ich war so gerührt von der ganzen Atmosphäre. Und als wir dann zur Bescherung ordentlich geschniegelt ins Wohnzimmer kamen und mein Vater auf seiner Mundharmonika ›O Tannenbaum‹ spielte – das war zu viel für mich. Meine Schwester Antje musste ihr Gedicht zuerst aufsagen.«

In Berlin las die Frau des britischen Kommandanten deutschen Kindern bei brennenden Kerzen Weihnachtsgeschichten vor. Die Kinderaugen leuchteten, volle Teller standen vor ihnen. Ausgeschnittene Papiersterne gaben dem nüchternen Sitzungssaal ein festliches Aussehen. Rund 4500 Kinder wurden von den britischen Streitkräften zu Weihnachtsfeiern eingeladen. Auch die Amerikaner hatten Weihnachtsfeste für bedürftige Kinder ihres Sektors organisiert. Erhard Nitschke war als Neunjähriger mit dabei: »Über das Bezirksamt waren viele hundert Kinder eingeladen worden. Die Räume waren von den Soldaten wunderschön geschmückt worden. Es gab einen großen Weihnachtsbaum in der Mitte des riesigen Saals, und für jeden als Geschenk eine Überraschungstüte; selbstgemachte Holztiere zum Spielen waren dabei. Ich habe den ganzen Nachmittag neben einem Soldaten gesessen und mit ihm gesungen. Es ging sehr fröhlich zu.«

Am Weihnachtsabend wollten sich viele gerne der Illusion hingeben, all das zu haben und auftischen zu können, was zum Weihnachtsfest dazugehörte. »Ich hatte dann so kleine falsche ›Marzipanbrote‹ gemacht, ich hatte ja nichts zum Backen. Das war die Notlösung damals: mit Grieß und Zucker, und Aroma; mit ein bisschen Flüssigkeit geknetet und wie Klöße geformt. Dann musste es etwas antrocknen, dass es von außen fest war, und dann konnte man es in die Hand nehmen und essen.« Lotte Szelski und ihr Mann Felix wollten sich das Fest nicht nehmen lassen. Dafür tauschten sie die einigermaßen warme Wohnung von Lottes Eltern, wo das Kind zur Welt gekommen war, gegen die eisigen, aber eigenen vier Wände ein: »Meinen Eltern war nicht nach Feiern zumute: Mein großer Bruder, der Erich, war bei Stalingrad gefallen, und der andere Bruder, der Rudi, war noch vermisst. Aber wir, als kleine Familie, wir wollten unser erstes Weihnachten feiern. Da haben wir erst mal zu tun gehabt, dass wir die Wohnung warm kriegten. Wir haben alles, was möglich war, verfeuert, denn der Kleine musste ja auch gewindelt werden oder mal gebadet. Dann haben wir uns hingesetzt, zusammen in eine Decke gehüllt, ich hatte den Jungen auf dem Arm, und wir haben uns ein bisschen gekuschelt. Das war bei uns der schöne Heilige Abend.«

»Weihnachten mit seinem hellem Glanz von Licht und Erwartung und Freudebereiten ist uns doch das liebste unserer deutschen Feste«, hieß es in einer Rezeptbroschüre fürs Weihnachtsfest.[88] Stollen, Marzipan, Makronen, Spekulatius. Die Rezepte für diese Leckereien unterschieden sich allerdings sehr von dem, was man sich in früheren (oder späteren) Zeiten darunter vorstellte:

Spekulatius

125 Gramm Zuckerrübensirup
50 Gramm Zucker
40 Gramm Butter
8 Gramm Ammonium
500 Gramm Mehl
1 Eiaustausch
etwas Milch

Sirup, Zucker, Butter und Ammonium schaumig rühren. Mehl, Ei, Milch und feingeriebene Pflaumenkerne, Zimt oder Muskatersatz vorsichtig unterarbeiten. Teig einige Stunden ruhen lassen, Figuren ausstechen und backen.

Makronen

200 Gramm weiße Bohnen gar kochen und durch den Wolf treiben.

Die Masse mit
100 Gramm Mehl
200 Gramm Hefepulver
6 Esslöffel Zucker
10 Gramm Fett
1 Päckchen Backpulver
und Flüssigkeit und Aroma zu einem festen Teig rühren und mit 2 Teelöffeln Häufchen aufs Blech setzen.

Streusel

125 Gramm gekochte und geriebene Kartoffeln
125 Gramm Mehl
1 Esslöffel Zucker
Mandelaroma.
Alle Zutaten gut mischen und als Streusel geformt mitbacken.

Stollen

600 Gramm Mehl
25 Gramm Kartoffelmehl
375 Gramm am Vortag geriebene Kartoffeln
1 Prise Salz
100 Gramm Zucker
1 Esslöffel Fett
¼ Liter Flüssigkeit
60 Gramm Hefe und Aroma.

Zur Füllung eignet sich Kartoffelmarzipan: 125 Gramm lässt man mit zwei Esslöffeln Wasser kochen, gibt 250 Gramm frische, geriebene Pellkartoffeln hinzu, rührt alles zusammen, bis sich die Masse vom Topf löst, und schmeckt nach Erkalten mit Aroma ab.

Weihnachtsstollen gab es auch für die Patienten im Diakonissen-Krankenhaus in Leipzig, »aber mit wenig Inhalt«, wie sich Gertrud Schöne erinnert, die dort dreiundzwanzigjährig als Krankenschwester auf einer der neun Stationen arbeitete: »Jede Station hatte 40 Patienten und fünf Schwestern. Wir hatten einen 15-Stunden-Arbeitstag. Aber natürlich feierten wir Heiligabend im Krankenhaus. Wir hatten einen hochmusikalischen Chefarzt, der von Station zu Station zog und den Patienten Weihnachtslieder vorsang – ›Drei Könige kamen aus dem Morgenland‹ hallte es über die Flure. Da hat so mancher geweint. In der Adventszeit hatten wir Schwestern schon für die Patienten gesungen – mit knurrendem Magen ist Singen aber furchtbar anstrengend.«

Für viele Menschen wurden die übervollen Krankenhäuser zu rettenden Inseln. Nicht nur für die Patienten mit Erfrierungen, Hungerödemen oder Tuberkulose, die auf den Stationen der Klinik notdürftig versorgt wurden, sondern auch für deren Angehörige. Ursula Stenzaly feierte Weihnachten bei ihrer kranken Mutter im Hamburger Marienkrankenhaus: »Ich bin jeden Tag ins Marienkrankenhaus gegangen. Rundherum Trümmer, aber in dem Gebäude war es warm, es war schön geschmückt, die Schwestern waren sehr lieb, die haben mir was zu essen zugesteckt; im Badezimmer konnte meine Mutter mir die Haare waschen, ich hatte lange Zöpfe. Heiligabend war auch gleichzeitig der Geburtstag meiner Mutter – die ganze Familie war da.«

Glück und Unglück lagen gerade in dieser Zeit dicht beieinander. Zahlreiche Menschen verbrachten die kalten Nächte der Weihnachtszeit ohne die Hilfe anderer. Auf sich allein gestellt verloren viele von ihnen den Lebensmut, sahen keinen Sinn mehr in all dem Leid und oft den einzigen Ausweg darin, ihrem Leben ein Ende zu setzen. Allein in Berlin verübten innerhalb von nur acht Wochen 333 Menschen Selbstmord.[89] Unter solchen Bedingungen bot oft nur noch die Versenkung im Glauben an Gott einen letzten Halt.

Wilhelm Müller aus Bergholzhausen bei Herford war damals Theologiestudent und sang auch im Chor. Auf Bitten seines Vaters, des Richters am Amtsgericht, sorgte dieser Chor für die musikalische Umrahmung des Gottesdienstes zu Weihnachten in der Haftanstalt: »Wir mussten eine halbe Stunde vor Beginn dort sein. Es wurde dann die Außentür abgeschlossen, draußen hielt sich viel Polizei auf, darunter ziemlich viele Streifenpolizisten. Drinnen hatte man Behelfsbänke aufgestellt. Wir Chorsänger standen. Dann kamen die Gefängniswärter, mit Gewehren in der Hand und hinter ihnen die Gefangenen. Einige Stühle in der ersten Reihe blieben frei, bis kurz vor Beginn Hauptwachtmeister Strehl mit einer entsicherten Pistole in der Hand erschien, sich neben den Weihnachtsbaum stellte und sieben, acht, neun – ich weiß nicht mehr genau die Zahl – Gefangene die erste Stuhlreihe besetzten. Das waren die vom englischen Obergericht zum Tode Verurteilten; sie durften am Gottesdienst teilnehmen. Die Predigt hielt ein katholischer Pfarrer zum Thema: Wir haben etwas verloren und wissen nur nicht was.«

Wolfgang Herchner aus Hamburg-Blankenese musste an diesem Weihnachtsfest seine geliebte elektrische Eisenbahn hergeben. Schuld daran war der verhasste Lebensmittelhändler in seinem Heimatort, der auch einen schwunghaften Tauschhandel unterhielt und Esswaren lieber verschob, als sie gegen Ausgabemarken herzugeben. Schon während der Nazizeit, erzählt Wolfgang Herchner, war dieser Mann, Adolf Engelke, mehr »Adolf« als Engelke gewesen. In seinem Laden pflegte er in SA-Uniform zu bedienen und seine Kunden mit »Heil Hitler« zu begrüßen. Er war der Ortsgruppenleiter und hatte stolz das Goldene Parteiabzeichen getragen: »Der Engelke wollte partout meine elektrische Eisenbahn als Geschenk für seinen Enkel. Woher auch immer der seit Kriegsende zum Nazigegner konvertierte Adolf Engelke wusste, dass ich eine solche Eisenbahn besaß, erinnere ich nicht. Schamlos aber machte er meiner Mutter entsprechende Avancen. Und eines Tages sagte sie zu; vielleicht hatte sein ständiges ›gnädige Frau‹ ihrer Seele geschmeichelt. Die kleine Märklin war mein kostbarstes Spielzeug. Nun sollte ich mich davon trennen. Nur der bohrende Hunger ließ mich verstehen, dass es eben einfach sein musste. Wortlos packten Vater und ich alles in einen Karton und fuhren noch spätabends im Dunkeln zu Engelkes Geschäft. Damit wir auch ja nicht erkannt würden, mussten wir um die Ecke halten. Vater konnte nicht besonders gut handeln, aber hier kämpfte er wie ein Löwe um jedes Pfund. Was er dem immer noch wohlgenährten Krämer letztendlich hat abnehmen können, weiß ich nicht mehr. Ich weiß nur noch von einem Sack mit 25 Pfund Graupen, weil ich ihn schleppen musste. Diese Graupen, oder ›Kälberzähne‹, wie wir sie nannten, sind mir fast einzeln im Halse stecken geblieben, und ich ekle mich heute noch davor. In der Zeit aber war es sogar mir recht, denn es ging schlicht ums Überleben. Das ›Was‹, ›Wie‹, ›von Wem‹ oder ›Woher‹ zählte damals nicht.«

Auf den Wunschzetteln vieler Kinder stand auch zwangsläufig die so bitter benötigte warme Kleidung. Da nichts gekauft werden konnte, trennte so manche Mutter zum x-ten Male einen alten Pullover auf, um daraus einen neuen zu stricken oder ihn in Strümpfe, Schals oder Handschuhe zu verwandeln. Auch ehemalige Hakenkreuzfahnen waren längst zu Kleidungsstücken umgearbeitet worden. Zuckerrübensäcke wurden aufgetrennt, aus dem derben, kratzigen Material Jacken gestrickt. Die langen starren Fäden knotete man innen zusammen, und damit die Knoten nicht so wehtaten, mussten die Jacken noch zusätzlich ausgefüttert werden. Schwer wie Blei hing ein solches Bekleidungsstück am Körper, und richtig wärmen konnte es eigentlich nicht.

Es gab natürlich auch Herzenswünsche. Die dreizehnjährige Inge Zehnder aus Ingolstadt träumte von Schlittschuhen, hatte aber doch nicht mit ihnen gerechnet: »Aber mein Vater hatte regelmäßig die Tauschanzeigen im *Donaukurier* studiert. Irgendwie musste es doch möglich sein, an Schlittschuhkufen ranzukommen, hatte er sich gedacht. Zum Anbieten hatte er nur eine Knickerbocker-Hose. Seine Tauschaktionen zogen sich wochenlang hin. Für die Hose bekam er eine Puppenstube, für die Stube wieder irgendwas anderes, was er ebenfalls weiter vertauschte, bis er schließlich – endlich! – zwei verrostete Kufen angeboten bekam. Er machte sie mit Schleifpapier wieder schön, und dann konnte es losgehen! Was für ein Glück! Auf dem zugefrorenen Stadtgraben drehte ich meine Kreise. Jemand hatte ein Grammophon dabei und eine einzige Schallplatte mit Tanzmusik. Die lief jeden Tag. Zu der hab ich Tanzen gelernt mit meiner ersten Liebe! Zwischendurch konnten wir uns die Hände am Feuer einer alten Frau wärmen, die sich ein paar Pfennige mit heißen Kastanien verdiente. Ja, es gab auch schöne Momente.«

8. KAPITEL

Der große Frost

> Vater besorgte Brennmaterial, was zu bekommen war. Bodenbeläge aus den Trümmern wurden herausgerissen oder vom Straßenbelag – so Pflasterklötze aus Holz. Die Männer hatten immer Rucksäcke dabei. Wir Kinder klauten auch Kohlen von den Zügen herunter. Wenn die Loks die Anhöhe nicht schafften und langsam fahren mussten, stürzten die Kinderscharen los und holten sich das wertvolle schwarze Gold.
>
> *Gerhard Lange*

Die zweite, seit Mitte Dezember anhaltende Kältewelle in diesem Jahrhundertwinter 1946/47 setzte sich auch im Januar fort. Zugefroren waren die Wasserstraßen in Nord- und Westdeutschland, Schneestürme, und Schneeverwehungen legten den Eisenbahnverkehr lahm. Bald sprach man vom »achten Kriegsjahr«, denn die Versorgungskrise nahm immer größere Ausmaße an. Viele Deutsche suchten die Schuld dafür bei den Alliierten, die ihrer Ansicht nach Not und Leid – wenn schon nicht absichtlich herbeigeführt – doch zumindest duldeten, um die Deutschen für ihre Vergangenheit abzustrafen –, und sie vergaßen dabei, wer ganz Europa mit Krieg überzogen hatte.

In den Länderparlamenten der Westzonen übten Abgeordnete unverblümt und offen Kritik an der, wie sie urteilten, verfehlten Politik der Alliierten. Selbst bei reibungslosem Ablauf aller Nahrungserfassungs- und Verteilungsstellen hätte man von deutscher Seite aus an der Notlage nichts Wesentliches ändern können, trugen sie vor. Man verwalte das Elend und den Hunger, statt wirksame Gegenmaßnahmen ergreifen zu dürfen. Entscheidende Verbesserungen könnten nur durch drastisch erhöhte Nahrungsmitteleinfuhren, durch eine schnelle Sanierung der deutschen Wirtschaft, durch die Ankurbelung der Industrie und eine damit verbundene Exportsteigerung sowie durch eine Währungsreform herbeigeführt werden. All dies aber lag außerhalb der Kompetenzen der deutschen Landesverwaltungen. Es fehlte vor allem an einer zentralen Regierung und an Verantwortlichen, die Deutschland als Ganzes im Blick hatten.

Ein Schwerpunkt der alliierten Besatzungspolitik lag auch Ende 1946 noch immer eher auf der »Verhinderung von Seuchen und Unruhen« als auf dem Wiederaufbau der deutschen Industrie. Statt sie zum Zwecke der »Hilfe zur Selbsthilfe« wieder in Gang zu setzen, wurde noch immer demontiert. Statt den Handel wieder in vollem Umfang zuzulassen und mehr Güter und Waren einzuführen, betrieb man Dekartellisierung, statt den Export deutscher Waren voranzutreiben, drosselten die Alliierten den deutschen Außenhandel.

Auf deutscher Seite war man überzeugt davon, dass sich bei freier Verfügung auch nur über einen kleinen Teil der damals unentgeltlich als Reparationszahlung an die Siegermächte- oder zu Niedrigpreisen in neutrale Länder ausgeführten Rohstoffe wie Kohle und Holz die allgemeine Versorgungslage spürbar hätte verbessern lassen. Ohne Zustimmung der Besatzungsmächte aber konnte man keinen

Außenhandel betreiben; über die Verwendung deutscher Exporterlöse entschieden die Alliierten, denn sie stellten die Regierung für ganz Deutschland.

Schon auf der Hamburger Interzonentagung im Juni 1946 hatten die deutschen Delegierten von den Militärverwaltungen »endlich (eine) konstruktive Linie in der deutschen Ernährungswirtschaft« gefordert, um »loszukommen von der Politik des Aus-der-Hand-in-den-Mund, der ewigen kurzfristigen Notlösungen, die nirgendwo ein Loch stopfen konnten, ohne anderswo eines aufzureißen«.[90] Fakt aber war auch: Die Besatzung Nachkriegsdeutschlands kostete die Siegermächte Monat für Monat nicht nur ein Vermögen ihrer heimischen Steuerzahler, sondern reduzierte auch die ohnehin knappen Ressourcen für die eigene Bevölkerung. Als die noch im Spätherbst angekündigte Erhöhung der Rationen im Kölner Raum Anfang 1947 zurückgenommen werden musste, führte die *Zeit* als Erwiderung auf die Proteste von deutscher Seite ihren Lesern vor Augen, dass eine Steigerung um 100 Kalorien pro Tag und Kopf der Bevölkerung in der britischen und amerikanischen Zone im Jahr 43 Millionen Dollar kostete – und diese Zahl würde gerade einmal ein Kilogramm Getreide im Monat mehr bedeuten, also nicht einmal eine Scheibe Brot am Tag. Die Eigenerzeugung der Doppelzone stelle nicht mehr als 950 Kalorien pro Tag, jede weitere Kalorie müsse importiert werden.[91]

Um die Einfuhr von Lebensmitteln und Versorgungsgütern nach Deutschland in Grenzen zu halten, forderten die Siegermächte einen von deutscher Seite zu leistenden Zuschuss, das »deutsche Soll«, ein. An diesen Vorgaben orientierten sich die Importmengen. Der Umfang der eingeforderten Leistungen war aus deutscher Perspektive allerdings von den

Alliierten viel zu hoch angesetzt. Sie konnten weder von der darniederliegenden Landwirtschaft noch von der maroden Industrie erbracht werden. Die Abgeordneten erwarteten deshalb von den alliierten Militärregierungen eine realistischere Einschätzung in der Hoffnung, sie in der Folge zu höheren Einfuhrquoten nach Deutschland bewegen zu können.

Die Meinungsverschiedenheiten zwischen den Westalliierten und der Sowjetunion über die Besatzungspolitik in Deutschland, offenbar geworden auf der Außenministerkonferenz der Siegermächte in Paris im Juli 1946, waren für die Regierung in Washington Anlass, ihre Deutschlandpolitik zu überdenken. Entmilitarisierung und Entnazifizierung wurden weiterhin als wichtigstes Ziel der militärischen Besetzung genannt, »nicht aber, den Bestrebungen des deutschen Volkes hinsichtlich der Wiederaufnahme seiner Friedenswirtschaft künstliche Schranken zu setzen«.[92] In diesem Zusammenhang rückte das Interesse der USA an der Wiederherstellung der deutschen Wirtschaftskraft zunehmend in den Vordergrund. Eine wichtige Voraussetzung dafür war die Beseitigung der wirtschaftlichen und politischen Grenzen zwischen den Zonen. Dies stieß jedoch auf den Widerstand der Franzosen, die kein Interesse an einem wirtschaftlich und politisch starken deutschen Nachbarn hatten. Auch die Engländer zögerten zunächst, skeptisch ob der möglichen deutschen Konkurrenz, doch erkannten sie die Vorteile einer gemeinsamen Verantwortung mit dem ökonomisch potenten Partner USA an der Seite.

Am 9. August 1946 schlossen der britische und der amerikanische Militärgouverneur ein Abkommen über die Schaffung eines alliierten Zweimächte-Amtes, das im Gebiet der beiden Zonen für einen einheitlichen Lebensstandard, gleiche Rationierung und gemeinsame Nutzung der Produktion sorgen sollte. Geplant war auch eine bizonale deutsche Verwaltung. Es bedurfte langwieriger Verhandlungen zwischen den Briten und Amerikanern über die Aufteilung der finanziellen Verpflichtungen für den Unterhalt der Doppelzone. Am 2. Dezember 1946 wurde dann das Abkommen unterzeichnet, das die von den USA geforderte paritätische Aufteilung der Kosten regelte: Die Bizone war gegründet.

Der 1. Januar 1947 war als Zeitpunkt des offiziellen Arbeitsbeginns der Zweizonenverwaltung festgesetzt, und es wurde Februar, bis die wichtigsten Referate einigermaßen fachgerecht besetzt waren. Die erhoffte bessere Versorgung infolge des interzonalen Nahrungsmittelaustauschs blieb zunächst jedoch aus: Die Bürokratie setzte wieder ein – und der Mangel nahm zu. Aus der Sicht der Normalverbraucher in Köln wie in München barg diese später von offizieller Seite gern als »Keimzelle der Einheit« bezeichnete Bizone zunächst keinerlei Nutzen. Die Bayern sahen sich als Verzichtleistende zugunsten des Rheinlandes, die Kölner warteten vergeblich auf die ersehnte Angleichung ihrer Rationen an die üppigeren in der US-Zone. So vermittelte der misslungene Start der Bizone schließlich auch die später zur Wirkung kommende Erfahrung, dass die »Einheit« nur Verluste, nicht aber Vorteile zu bringen vermochte. Adenauer machte sie sich zunutze, als er entsprechend seiner Maxime »Freiheit vor Einheit« die deutsche Einheit als Staatsziel demonstrativ hintansetzte.[93]

Der deutsche Politiker Hans Schlange-Schöningen leitete in der britischen Zone das Ernährungsressort. »Kein Wunder, dass die Schlangen vor den Lebensmittelgeschäften nicht abreißen, wenn der Ernährungsminister schon ›Schlange‹ heißt«, witzelten die Zeitgenossen. Schlange-Schöningen aber engagierte sich in seinem Amt für die Interessen der deutschen »Kartenversorgten«. Über die katastrophalen Zustände im Deutschland des Winters 1946/47 und über die schier unlösbaren Probleme, vor denen er und seine Mitarbeiter damals standen, schrieb er in seinem 1955 erschienenen Buch *Im Schatten des Hungers.* Seine Schilderungen vermitteln ein eindrückliches Bild von dieser entbehrungsreichen Nachkriegszeit: »[...] Die Wasserwege froren zu, und die Eisenbahn konnte den dadurch entstehenden Mehrbedarf an Landtransporten mit ihren unzulänglichen Beständen an Waggons und Lokomotiven nicht bewältigen. Viele Züge lagen zudem fest, weil die nur notdürftig reparierten Maschinen infolge des scharfen Frostes Kesselschaden erlitten, Weichen einfroren und Gleise verschneiten. Zeitweilig war die Hälfte aller Lokomotiven und Güterwagen unbrauchbar. Infolgedessen stockte der Abtransport des Getreides aus Bremen trotz der übermenschlichen Anstrengungen des Bahnpersonals wochenlang fast völlig. Der Hafen war verstopft, und die Schiffe wurden über Emden, Hamburg, Rotterdam und Antwerpen geleitet. Zur Abfuhr des Getreides mussten mit größter Mühe Lastwagen beschafft werden, denen dann oft Treibstoff und Bereifung fehlten. Die Bemühungen, im Industriegebiet ein Minimum an Vorräten anzulegen, wurden durch die drei scharfen Kältewellen, die damals über Deutschland hinweggingen, vereitelt.«[94]

Bayern, in der amerikanischen Zone gelegen, wurde zur Mehrlieferung von 25 000 Stück Schlachtvieh verpflichtet, um die Fleischrationen im Hungergebiet Ruhr für Dezember und Januar nicht noch mehr reduzieren zu müssen: »Die Bauern in Bayern trieben also ihr Vieh bei größter Kälte an die Bahnhöfe und Sammelstellen und mussten es dann oft wieder nach Hause treiben, weil keine Transportmittel zur Verfügung standen. Die Viehtransporte von Süden nach Norden blieben weit hinter den zum Ausgleich notwendigen Mengen zurück. [...] Die britische Zone erreichte aus eigener Kraft trotz der starken Abschlachtungen im Februar nur nominell 1000 Gramm [monatlich pro Person]. Von Anfang März [1947] an wurde die Fleischration einheitlich für beide Zonen von 1000 Gramm auf 600 Gramm herabgesetzt.«[95]

»Die deutschen Bemühungen, wenigstens die Fettzuteilungen nicht weiter sinken zu lassen, scheiterten, als im Februar 1947 die Alliierten erklärten, dass an die Lieferung irgendwelcher tierischer oder pflanzlicher Fettstoffe wegen der Fettknappheit in aller Welt nicht zu denken sei. Von den drei inländischen Fettquellen Milch, Schweinemast und Ölsaaten war der Raps durch Auswinterung größtenteils verloren. Der Rinderbestand war in der Verminderung um ein Viertel begriffen, die Milchleistung je Kuh stark zurückgegangen. Der Schweinebestand war schon bis Ende 1946 um die Hälfte reduziert worden. An den Wiederaufbau des Viehbestands war nicht zu denken, solange die Besatzungsmächte die Lieferung von Futtergetreide für Futterzwecke ablehnten, weil das weltweite Getreide nur für direkte menschliche Ernährung verwandt werden dürfe. Unter diesen Umständen blieb Anfang Februar [1947] nichts anderes übrig, als auch in der amerikanischen Zone die monatliche Fettration von 300 Gramm auf 250 Gramm und gleich danach auf 200 Gramm zu kürzen.«[96]

Günther Kammeyer hat diese Wochen bis heute nicht vergessen: »Ich habe erfahren, dass Hunger und Kälte Schmerzen verursacht. Innere Schmerzen. Seelische, körperliche Schmerzen. Von der Haarspitze bis in den kleinen Zeh, durchdringend, nicht nur einmal einen kurzen Moment, sondern ständig ist man vom Hunger gequält, von der Kälte gelähmt. Man fühlt … du bist an einem Punkt angelangt, leben oder sterben. So ein Gefühl habe ich gehabt.«

Und auch Inge Kotsch lassen die Erinnerungen an damals nicht los: »Eine Szene werde ich nie vergessen: Es war im Januar 1947. Mein Großvater stand in der Küche und wähnte sich allein. Dort stand ein großer Topf mit Brennnesselsuppe dampfend auf dem Herd. Opa ging da hin und naschte davon, ich stand im Flur dahinter und hab' es gesehen. Da trat meine Mutter zu mir in den Türrahmen, sah das und überraschte Opa mit der Kelle in der Hand. Sie fuhr ihn an: ›Aber Vater, du isst den Kindern ja das Essen weg.‹ Opa legte die Kelle zurück, drehte sich wortlos ab und ging beschämt zur Tür, an mir vorbei auf sein Zimmer. Er wurde dann auch immer schwächer.«

Dabei waren die Ziele der Ernährungsverwaltung am 10. September 1946 noch so zuversichtlich formuliert worden:

- Sicherung einer gleichmäßigen Ration von 1550 Kalorien täglich.

- Verbindliche Einfuhrzusicherungen der Alliierten.

- Erhöhung der Fettzuteilung auf 200 Gramm in der Woche. In der britischen Zone betrug sie seinerzeit 50 Gramm, in der amerikanischen Zone 100 Gramm wöchentlich. Das bedeutete, dass die Tagesration bei etwa 7 bis 14 Gramm lag; weniger als ein Zehntel des täglichen Bedarfs.

- Festlegung erhöhter Rationen für Bergarbeiter, da der Kohleversorgung eine Schlüsselfunktion der gesamten Wirtschafts- und Ernährungslage zukam.[97]

Bergleute wurden dringend gebraucht, und so hieß es in einem Aufruf des Braunkohlen-Bergbau Großhessens:

»Bergleute! Wir bieten Euch Arbeit und Brot! Eure Ernährung ist sichergestellt. Ihr erhaltet z. Zt. die dreifach höheren Lebensmittelzulagen als der gewöhnliche Arbeiter, und zwar dies gleichbleibend ohne Rücksicht auf die Zuteilung der Lebensmittel an die übrige Bevölkerung:

	Lebensmittel im Werte von	und dazu
– der Unter-Bergmann	4000 Kalorien	¾ Liter Alkohol
– der Übertage-Bergarbeiter	3400 Kalorien	½ Liter Alkohol
– der mit leichten Übertage-Bergarbeiten Beschäftigte	2800 Kalorien	¼ Liter Alkohol

Außerdem werden Tabakwaren je nach Wahl in Zigarren, Zigaretten oder Pfeifentabak und je nach den vorstehenden Kategorien in Höhe von 220 g, 170 g und 170 g monatlich ausgegeben.«[98]

Hans Schlange-Schöningen bewertete die Erhöhung der Bergarbeiter-Rationen rückblickend als ungerecht, blieb doch die übrige Industriearbeiterschaft auf die an sich schon unzureichenden Rationen von 2480 Soll-Kalorien für Schwer- und 2870 Soll-Kalorien für Schwerstarbeiter angewiesen. Im Winter 1946/47 wurden sie aber tatsächlich nie erreicht.

»Der interzonale Lebensmittelaustausch brachte nur eine erneute Verschärfung des Mangels: Bayerns Landwirtschaftsminister Baumgartner hatte es schwer, seinen Bauern und Verbrauchern klarzumachen, weshalb in Bayern die Fleischrationen stark herabgesetzt, die Selbstversorgerrationen gekürzt und gleichzeitig große Mengen Schlachtvieh in andere deutsche Länder der verschiedenen Zonen exportiert werden mussten. Auch Württemberg musste noch Fett an die britische Zone abgeben. Dazu hatte im Wirtschaftsjahr 1946/47 die amerikanische Zone 50 000 bis 60 000 Tonnen Speisekartoffeln in das Ruhrgebiet zu liefern, die aber größtenteils in erfrorenem Zustand ankamen. Aus Kohlemangel war es zu Transportstockungen gekommen. Auch der Plan, die landwirtschaftliche Ablieferung durch Prämien von Maschinen, Geräten und Arbeitskleidung zu verbessern, scheiterte, denn das hätte vorausgesetzt, dass man die den Bauern gemachten Versprechungen auch strikt einhalten konnte. Und das war nicht der Fall.«[99] Die Bayern erklärten sich zwar bereit, an die anderen Länder in der US-Zone zu liefern, jedoch nicht an die rheinischen »Preußen« in der britischen Zone.

Im März 1947 erreichte die Versorgungskrise im Ruhrgebiet ihren Höhepunkt. Seit Monaten hatten Nährmittel nur noch in geringsten Mengen ausgegeben werden können, Kartoffeln für einen großen Teil der Bevölkerung überhaupt nicht mehr. Mitte März hatte Nordrhein-Westfalen bei einem Monatsbedarf von 130 000 Tonnen Getreide für Brot und Nährmittel nur noch Vorräte für zwei bis drei Tage. Dagegen lagerten in Bremen und Hamburg 160 000 Tonnen Getreide, die nicht abgefahren werden konnten. Alle vorhandenen Waggons wurden von den Häfen aus nach Nordrhein-Westfalen dirigiert und die übrigen Gebiete der britischen Zone überhaupt nicht beliefert. Als die unmittelbare Gefahr im Industrierevier beseitigt war und 25 000 Tonnen Getreide nach Niedersachsen, Weser-Ems und Schleswig-Holstein transportiert werden sollten, wurden die für diese Gebiete bestimmten drei Schiffe von den Alliierten plötzlich in ausländische Häfen beordert, und die Lücke musste durch Landtransporte aus den Vorräten Bremens geschlossen werden.

Um den Abtransport der in den Häfen blockierten Getreidemengen wieder in Gang zu bringen, war abermals ein zentral gesteuerter Bahntransport nötig, da wegen der anhaltenden Vereisung mit der Wiederaufnahme der Schifffahrt auf Flüssen und Kanälen erst frühestens Anfang April gerechnet werden konnte.[100]

Vielerorts wurde statt Weizen und Roggen Mais geliefert. In Kiel etwa mussten die Bäcker im Januar 1947 dem Brotteig zunächst 50 Prozent, dann 80 Prozent Mais beimischen.[101] Der am Lübecker Krankenhaus tätige Assistenzarzt Harald Walter hatte eine einfache Erklärung dafür: »Ursache für das Maisbrot war ein Übersetzungsfehler unserer ›gebildeten‹ Politiker. Sie hatten bei den Amis Korn bestellen wollen und hatten tatsächlich ›corn‹ bestellt. ›Corn‹ aber bedeutete im amerikanischen Sprachgebrauch ›Mais‹.

Für Getreide gab es die Bezeichnung ›grain‹. Das Maisbrot verursachte Verdauungsbeschwerden, weil es auch nicht unserem Geschmack entsprach. Gefährliche Stoffwechselkrankheiten, besonders bei Kindern, waren die Folge.«

Auf der Jagd nach Kohle

Mit dem Mangel an Lebensmitteln ging der Mangel an Kohle Hand in Hand. Die Kraftwerke verfügten über keine Vorräte und konnten nur ungenügend beliefert werden. In der britischen Zone wurde der Strom täglich für bis zu zwölf Stunden abgeschaltet und damit auch vielerorts die einzige Möglichkeit zu heizen, in der US-Zone mussten 75 Prozent aller Industrieanlagen stillgelegt werden.

In einer Rede vor dem Niedersächsischen Landtag am 8. Januar 1947 setzte sich ein Abgeordneter der SPD überaus kritisch mit den wirtschaftlichen Schwierigkeiten auseinander und verwies darauf, dass von Seiten der Militärverwaltung keine Vorsorge getroffen worden sei, obwohl das Wirtschaftsministerium Maßnahmen vorgeschlagen hatte: »Ich meine aber sagen zu müssen, dass es auch hier kein ›fair play‹ ist, die Schuld für die Stromknappheit auf den ›General Winter‹ zu schieben, den man als anonyme Person nicht zur Verantwortung ziehen kann. […] Man muss eben damit rechnen, dass im Dezember die Kanäle zufrieren können. […] Es genügt nicht, dass das Elektrizitätswerk der Reichswerke, das bedeutendste in unserem Gebiet, einen Kohlenvorrat von rund zehn Tagen hatte. Man muss wissen, dass auch dieser nicht die geeignete Kohle war und dass die trotz aller Mahnungen gelieferte Nasskohle sich unter der Einwirkung des Frostes zusammenballt, die Schleudermühlen beschädigt und schließlich auch teilweise die Kesselanlagen beschädigt. Das ist eingetreten.«[102]

Auch große Energie-Selbstversorger wie Klöckner-Humboldt-Deutz und F & G in Köln hatten keine Kohle mehr zur Verfügung und mussten wie fast alle Betriebe der Kölner Wirtschaft im Januar 1947 die Produktion einstellen. Und das, obwohl es vor den Toren der Stadt riesige Braunkohlelagerstätten gab. Doch die Rohbraunkohle, die zu 60 Prozent aus Wasser besteht, war schon im Erdreich gefroren. Dadurch sank die Förderleistung, sodann konnte die Kohle nur schleppend abgefahren werden, da die Lokomotiven und Waggons der Benzelrather Bahn infolge des Frostes nach und nach ausfielen. Reparaturen waren wiederum wegen des fehlenden Stroms nur begrenzt möglich.[103]

Für die privaten Haushalte war zu diesem Zeitpunkt eigentlich überhaupt keine Kohle mehr vorhanden, und Strom erhielten sie nur kurze Zeit, manchmal nur zwei Stunden am Tag. Die Menschen froren.

Erich Zenker, Jahrgang 1930, lebte mit seiner Mutter in Holtenau bei Kiel, direkt am Nord-Ostsee-Kanal. Der Siebzehnjährige »organisierte« Kohlen vom Umschlagplatz für die Kohlezüge aus dem Ruhrgebiet: »Bis zu 30 Waggons mit Kohle, Hunderte von Tonnen wurden dort von den riesigen Kränen am Pier gelöscht – tagelang. Dabei fielen natürlich viele Stücke daneben, die ich und viele andere eifrig aufsammelten. Bis zu 40 Leute bückten sich da und klaubten die Kohlestücke in ihre Säcke. Aber im Winter kam dann kaum noch ein Zug, schließlich stand alles still. Der Kanal war mit dickem Eis bedeckt, die Ostsee bis auf 35 Kilometer! Wir froren bitterlich in unserer kleinen Wohnung, und Hunger war unser ständiger Begleiter.«

Als Flüchtlingskind musste die kleine Edith Mischke mit ihrer Familie auch den eisigen Winter in dem Kuhstall im schleswig-holsteinischen Moorrege zubringen: »Also die Kälte war wirklich schlimm. Wir sind aneinander geschlupft, wir Kinder waren zu dritt in einem Bett, damit wir bloß ein bissel eigene Wärme erzeugen konnten. Blitzblankes Eis war da an den Wänden.« Flüchtlingsfamilien wie den Mischkes fehlte es an allem, auch an warmer Kleidung: »Wir sind Anfang Dezember noch ohne Strümpfe rumgelaufen, mit den Holzpantoffeln, weil ja alle bloß ein einziges Paar Strümpfe hatten und die mussten über den Winter halten. Schuhe auf Zuteilung erhielten nur die Bauernkinder. Die trugen Lackschuhe am Sonntag – und wir selbstgemachte Pantinen.«

Der damals elfjährige Martin Schneider und seine neunjährige Schwester hatten überhaupt keine Schuhe mehr, »wir haben uns Lappen um die Füße gemacht, damit's beim Gehen draußen nicht so wehtat.«

Und Gisela Weber, Jahrgang 1939, die damals in Dresden wohnte, besaß ein Paar Schuhe aus Igelit, einem von der I. G. Farben entwickelten Kunststoff. »Andere Schuhe gab es nicht mehr für uns. ›Hast Du Igelit im Haus, kannst Du auch bei Regen raus‹, hieß der Slogan. Diese Igelit-Schuhe hielten überhaupt nicht warm. Ich hatte immer nur kalte Füße. Und die Sohlen brachen bei Kälte. Wenn wir in der Schule die Hausaufgaben abholten, achtete der Lehrer darauf, dass wir unter der Bank die Füße richtig aufstellten, damit die Sohlen nicht brachen. Ich erinnere mich noch, wie der Lehrer durch die Reihen ging und uns ermahnte. Wir schrieben solange die Hausaufgaben von der Tafel ab. Schreiben konnten wir nur auf Schiefertafeln, weil die Tinte in den Fässchen eingefroren war.«

In Hamburg hausten mehr als 50 000 Menschen in Notquartieren, davon sehr viele noch in Nissenhütten, durch deren Ritzen und Fugen der Fertigbauteile der eiskalte Wind fast ungehindert zog.[104] Beim Heizen bildete sich an den Wellblechverkleidungen, den einfachen Fenster- und Türverglasungen Kondenswasser, das über Wände und Möbel bis auf den Fußboden floss und bei Abkühlung alles mit Glatteis überzog. Dasselbe passierte in den Wohnungen, wenn die Wasserleitungen einfroren und platzten. Jede vierte Hauswasserleitung in Hamburg war eingefroren. Zu Beginn des Jahres 1947 gab es kaum noch Zuteilungen von Heizmaterial, alles war aufgebraucht. Wollten sie nicht erfrieren, waren die Menschen auf den »Kohlenklau« angewiesen.

Am 18. Februar 1947 veröffentlichte die *Hannoversche Presse* einen Leserbrief: »Selbsterhaltung steht über dem Gesetz: Aus meinen frühesten Kindertagen ist mir ein alter Mann bekannt, ein Freund meines Elternhauses, der mir von jeher das Symbol der personifizierten Ehrlichkeit war. An einem frostigen Morgen traf ich ihn wieder. Auf meine Frage nach dem Wohin antwortete er mit einer erschütternden Selbstverständlichkeit: ›Kohlen klauen!‹ – Ich war fassungslos. ›Du wunderst dich, dass ich das tue?‹ fragte er mich. ›Sollte ich erfrieren? Man ist gezwungen, Kohlen zu stehlen, nein …‹ – und seine Stimme bebte vor Erregung –

›… man ist verpflichtet dazu, denn das Recht der Selbsterhaltung steht über dem Gesetz.‹ – Ich ging, und ich musste immerfort an ihn denken. Und so kam es, dass ich mir einmal den ›Betrieb‹ auf einem Bahngelände ansah. Von der Greisin herab bis zum eben schulpflichtigen Kind waren alle Altersklassen beiderlei Geschlechts vertreten, und alle fühlten sich im Recht. In dem Recht, das mein alter Freund vertrat und das ich nicht zu bestreiten vermag. […] Die Heizstoffkatastrophe dieses Winters scheint mir noch größer zu sein als die der Hungertragödie. Nicht nur die Kälte tut uns weh, auch die zwangsläufige Demoralisierung unseres Volkes.«[105]

Hannelore Hahn aus Köln berichtet: »Mutter hatte meinen Brüdern den Kohlenklau verboten. Die gingen aufs Gymnasium; wenn sie erwischt worden wären, wären sie von der Schule geflogen. Nur wir Mädchen durften also Kohle klauen. Ich galt als das Organisationstalent – fürs Kohleklauen war also ich zuständig! Und so zogen wir los. Am Bahndamm kletterte ich auf die Waggons und habe für die anderen die Kohlen runtergeworfen.«

Auch Günther Kammeyer und seinen Bruder Klaus zog es an die Bahndämme: »Wir hörten auf der Straße: ›Pass mal auf, Kohlenzüge, Ohlsdorf …‹ Und so schlossen wir uns einer Truppe an, die in Richtung Ohlsdorfer Bahnhof, einem Verschiebebahnhof, losziehen wollte. Sie sprachen von Kohlenklau, wir konnten uns darunter nicht recht was vorstellen. Aber auf jeden Fall hieß es, Säcke, Rucksack und Eimer mitnehmen. Zusammen gingen wir ungefähr zehn Kilometer in Richtung Ohlsdorf. Wir dachten, wir sind vielleicht fünf, sechs Leutchen, die da aufkreuzen werden. Aber beim Dunkelwerden lungerten regelrechte Menschenmassen auf den Gleisen und Bahndämmen herum und warteten auf den Kohlenzug. Und unsere Herzen schlugen bis zum Hals, weil wir uns nicht recht vorstellen konnten, dass die Waggons erreichbar sein würden, dass das überhaupt funktionierte. Aber dann ging plötzlich alles blitzschnell. Wir sahen einen dunklen Schatten auf uns zukommen, Männer sprangen auf die Waggons, hangelten sich über die Puffer nach oben und schmissen von oben Säcke, mit Kohlen gefüllt, herunter. Einige andere versuchten, die Seitentore an den Waggons irgendwie mit Stangen aufzubrechen, denn der Zug fuhr ziemlich langsam; man hatte die Gleise mit grüner Seife eingeschmiert, die Räder drehten durch. Und plötzlich kamen die Kohlen von oben runtergeflogen, brachen aus den Waggons raus – ich sehe das noch vor mir, wie sie in diesem Schnee lagen, alles war sofort schwarz. Und wir haben, was wir kriegen konnten, mit bloßen Händen reingepackt in unsere Säcke, mein Bruder Klaus und ich, und wollten nun schon weg – da plötzlich! Gleißendes Scheinwerferlicht! Ein Mordstheater, Trillerpfeifen. ›Halt. Stehen bleiben. Wir schießen!!‹ – Und wenn so was passiert – ein Kinderherz, in so einem Moment! Wir legten uns hin, duckten uns wie Tiere und bewegten uns nicht mehr. Und auf einmal fängt mein Bruder an zu schreien. Da hat ein Erwachsener seine paar Kohlen, die er im Sack hatte, weggerissen und haute mit diesem halb gefüllten Sack ab. Und wir lagen da immer noch, hatten Angst, dass wir geschnappt werden, wir wollten nicht wieder mit der Polizei in Konflikt kommen und mussten uns jetzt blitzschnell entscheiden: Lassen wir die Kohlen liegen, laufen wir weg, oder versuchen wir doch noch was zu kriegen? – Auf jeden Fall: weg!! Ich hatte was, mein Bruder hatte nichts. Plötzlich fällt Klaus hin. Ich laufe hin, helfe ihm auf: ›Klaus, was ist?‹ – Da ist er über einen Sack Kohlen gefallen, den auch jemand hat liegen lassen müssen, so dass wir doch beide wieder einen Zampl mit Kohlen hatten! – Nun kamen wir nach Hause, verschmiert, dreckig, zeigten unsere Kohlen. Aber wir bekamen kein Lob, bis heute nicht.«

Herr Lipps, Jahrgang 1935, hatte seine Familie damals im Ruhrgebiet: »Mein Vater war Steiger auf der Zeche Emscher Lippe. Bis '45 ging's uns nicht schlecht. Die Bergleute bekamen ein Kontingent Kohlen als Brennmaterial, das man aber auch gut gegen Nahrungsmittel tauschen konnte. Koks als Deputat wurde verheizt. Vater knüpfte Kontakte zu Bauern, bei denen hieß es dann Speck gegen Kohle, das war üblich unter den Bergleuten. Im Winter '46 konnte die Kohle nicht mehr abtransportiert werden, blieb bergeweise auf Halde liegen und musste bewacht werden, weil die Leute klauten. Koks so dick wie 'ne Männerfaust. Die Leute kamen mit dem Bollerwagen, schafften damit einen halben Zentner weg. Wer Kohle hatte, hatte auch was zu essen. Die haben geklaut, um überleben zu können. Das ging gar nicht anders.«

Und auch das gab es: Der Oberbürgermeister der Stadt Göttingen richtete am 21. Februar 1947 an die Bevölkerung einen Aufruf, dass jetzt für jedermann die Möglichkeit bestehe, seine Braunkohle selbst zu brechen: »In Delliehausen ist ein größeres Braunkohlevorkommen, an dessen Erschließung seit dem Sommer des Vorjahres gearbeitet wurde und dessen Abbau zur Hälfte der Stadt Göttingen zugute kommen soll. Es fehlt nur an Arbeitskräften, die von den Arbeitsämtern nicht genügend zur Verfügung gestellt werden können. Der Oberbürgermeister ruft nunmehr alle abkömmlichen arbeitsfähigen Einwohner der Stadt auf, sich freiwillig für den Kohleabbau zu melden. Der Abbau erfolgt über Tage. Belieferung mit Deputatkohle auch für die Familienangehörigen wird geboten.«[106]

Hilfen für die Kinder

Zweimal besuchte Herbert C. Hoover in diesen Jahren Deutschland: im Frühjahr 1946 und im Februar 1947. Hoover, amerikanischer Präsident von 1929 bis 1933, hatte sich nach dem Ersten Weltkrieg für ein Ernährungshilfeprogramm engagiert und den Deutschen damals entscheidend geholfen. Von Hoover, einem Fachmann in Ernährungsfragen, erhoffte man sich in Deutschland nun wieder Unterstützung. In dem Abschlussbericht seiner Deutschlandreisen führte er dem amerikanischen Volk zum ersten Mal das ganze deutsche Elend und alle Konsequenzen des Hungerdaseins mit nüchternen Worten und Zahlen vor Augen. In seinem Memorandum stand der lapidare Satz: »Die große Masse des deutschen Volkes ist, was Ernährung, Heizung und Wohnung anlangt, auf den niedrigsten Stand gekommen, den man seit hundert Jahren in der westlichen Zivilisation kennt.«[107]

Hoover forderte vor allem eine deutliche Verbesserung des Lebensstandards und Gesundheitszustandes der Bevölkerung; hierfür sah er Lieferungen von Nahrungsmitteln, Medikamenten, Treibstoff und Dünger für die Dauer von 18 Monaten vor. Die Kosten von 950 Milliarden Dollar sollten zunächst von den USA und von Großbritannien gemeinsam aufgebracht und später von Deutschland zurückgezahlt werden. Im ersten Jahr war die Lieferung von 3 850 000 Tonnen Getreide für 517 Milliarden Dollar vorgesehen, wodurch die Tagesrationen auf 1800 Kalorien erhöht werden sollten. Hoover hielt jedoch 2000 Kalorien für unbedingt notwendig und setzte deshalb auch die leihweise Überlassung von Fischereifahrzeugen an Deutschland für die Wiederaufnahme des Fischfangs in der Nord- und Ostsee durch. Außerdem sollten 75 amerikanische Frachtschiffe der Liberty-Klasse mit deutschen Besatzungen für Lebensmitteltransporte zur Verfügung gestellt werden. Darüber hinaus enthielt Hoovers Bericht Vorschläge, wie die Leistung der deutschen Industrie und der Export deutscher Waren gesteigert werden könnte. Deutschland sollte so schnell wie möglich in die Lage versetzt werden, seine Not aus eigener Kraft zu überwinden.[108]

Hoovers ganz besonderes, vielen in Erinnerung gebliebenes Verdienst war das große Hilfswerk der Kinder- und Schulspeisungen, das am 1. Mai 1947 anlief. Schulspeisungen gab es allerdings schon zuvor, 1945 und 1946 hatten sich mehrere Großstädte in Eigenregie um eine tägliche Mahlzeit für die ausgemergelten Kinder bemüht, und ab März 1946 waren deutsche Kinder erstmals sporadisch aus Lebensmittelbeständen der britischen Armee verpflegt worden. Für die gesamte SBZ ordnete die Sowjetische Militäradministration (SMAD) ab 16. September 1946 die Ausgabe einer täglichen Zusatzverpflegung an alle Schulkinder an: ein Brötchen und eine Tasse heißer Kaffee – eine Maßnahme mit durchaus psychologischer und propagandistischer Wirkung. Ab Oktober 1946 gab es dann auch in der amerikanischen Zone, gestaffelt nach drei Gruppen – normal genährte, speisungsbedürftige, dringend speisungsbedürftige –, die sogenannte Amerika-Speisung, für die vor allem die Hilfsorganisation aus Übersee CRALOG (Council of Relief Agencies Licensed for Operation in Germany) Lebensmittel zur Verfügung gestellt hatte. Diese Aktion lief jedoch Ende Januar 1947 aus. Hoover setzte es in großem Stil um. Schon 1947 erhielten 3,35 Millionen deutsche Schulkinder in der Bizone Schulspeisung, später wurden auch noch die Studenten der wiedereröffneten Universitäten in das Hilfsprogramm mit einbezogen. Die Speisung kostete sie nichts.

Der Berliner *Tagesspiegel* berichtete am 19. Februar 1947: »Warum sitzen alle Schulkinder an jedem fünften Tag schon zehn Minuten vor Beginn des Unterrichts auf ihren Bänken? Warum erscheinen einmal in der Woche sogar die notorischen ›Schwänzer‹? Warum ist mit den Kleineren an diesem Tage beim besten Willen kein vernünftiges Arbeiten möglich? Die Antwort gaben uns die Kinder einer Köpenicker Schule: ›An jedem fünften Tag gibt es Schokolade in der Schulspeisung.‹ In den letzten Minuten vor der großen Pause rutschen alle unruhig auf ihren Bänken hin und her, nach dem Klingelzeichen stürmen sie die Treppen hinunter. Die Täfelchen werden zuerst, die Suppe nur so nebenher in Empfang genommen. ›Die Sechsjährigen kannten Schokolade nur aus den Erzählungen ihrer Eltern‹, sagte uns eine Lehrerin. Die Tafeln müssen gleich in der Schule angebrochen werden, damit sie nicht auf den Schwarzmarkt wandern. Wie notwendig dies ist, zeigte sich in Steglitz, wo am ›Schokoladentag‹ Erwachsene vor den Schulen standen und von den Kindern die Täfelchen à 56 Gramm Schokolade für einen Zwanzigmarkschein einhandelten. Von dem, was es sonst noch gibt, essen die Kleinen am liebsten Kekssuppe.«[109]

An diese Suppe erinnert sich Günther Kammeyer nur zu gut: »Jeder hatte sein Essgeschirr mit, seinen Löffel dabei. Ich hab's noch genau vor Augen, da gab es mittags einen unglaublichen Brei, aus Keksen, Rosinen, irgendwelchem Mehl. Da konnte man den Löffel reinstecken, der fiel nicht um. Aber es füllte den Magen. Es war süß, und es war stampfig dick gekocht.«

Auch Helene Bornkessel hat noch heute den Geschmack dieser Suppe auf der Zunge: »Süß war sie, von all den Rosinen. Unten, bei uns im Schulkeller, wurde sie im Kessel gekocht, da stand ein alter Herd, und da haben sich dann immer Jungs gemeldet, große und kräftige, zum Hochtragen. Im Hof, in einer geschützten Ecke, wurde die Suppe dann verteilt. Uns Mädchen fiel auf, dass sich die Jungs immer wieder melden! Wenn die das freiwillig machen, kann irgendwas nicht stimmen! Und richtig: die naschten unten schon mal! Da haben wir Mädchen uns einfach auch mal freiwillig zum Tragen einteilen lassen!«

Der Politiker Hans Apel, 1947 ein Junge von 15 Jahren, weiß noch, dass man, wenn »man schnell aß, Nachschlag bekam, den habe ich dann mit nach Hause genommen. Noch heute bin ich ein Schnellesser.«[110]

»Wenn die Schwedenspeisung nicht gewesen wäre!«, erinnert sich auch Walter Neuber, »die Schule fiel ja wegen der Kälte aus, aber die Schulspeisung gab's. Ich hatte die Aufgabe übernommen, die Eimer zum Verteilungsort zu tragen – dafür gab's dann immer eine Sonderration. Ich weiß noch, wie ich mein Wehrmachtskochgeschirr bis oben mit heißer Suppe gefüllt habe, um sie meiner Mutter nach Hause zu bringen. Es war bitterkalt, mehr als 20 Grad Frost. Ich fror wie ein Schneider, hatte ja nur die alten Gummistiefel vom Vater und Wehrmachtsklamotten an – eine Offiziersjacke und eine alte Skihose von einem Gebirgsjäger. Ich hatte immer blaue Hände, es war lausig kalt, aber ich musste ja langsam gehen, weil sonst alles rausgeschwappt wäre. Ich ging also, vielleicht zwanzig Minuten, und dann wunderte ich mich, dass ich gar kein Gluckern mehr hörte, ich sah nach: die ganze Suppe war gefroren, ein Klumpen. Dann konnte nichts mehr schwappen.«

Mit den Schulspeisungen in Ost und West konnten viele Kinder in Deutschland wenigstens einmal am Tag einigermaßen satt werden, und den Eltern wurde eine große Sorge abgenommen – die Angst, ihren Kindern beim Verhungern zuschauen zu müssen. Und schließlich wandelte sich durch diese nahrhafte Suppe auch für eine ganze Generation von Nachkriegskindern und -eltern die Stimmung gegenüber ihren Besatzern. Sie begannen, sie in einem anderen Licht zu sehen.

9. KAPITEL

Der weiße Tod

Der zweite Höhepunkt der wieder nachsetzenden dritten Kältewelle ist noch nicht erreicht.
Sonnabend, 8. Februar

Husum meldet heute den 48. Eistag; seit dem 21. Januar hat dort das Thermometer den Nullpunkt nicht mehr überschritten.
Sonnabend, 8. März

… erneut merkliche Frostverschärfung. In Hannover sanken die Temperaturen wieder auf minus 15 Grad. In Flensburg sogar bis minus 18 Grad.
Montag, 10. März[111]

»Und in dem Zimmer wo wir geschlafen haben, da war blitzeblankes Eis an den Wänden, blank wie Fenster, die gefroren sind, aber noch glitziger. Und um das ein bisschen einzudämmen, haben wir die Papierballen, die wir organisiert hatten, ausgerollt und damit die Fenster und die Wände abgedichtet, damit das Eis nicht mehr in den Raum reinkam. Eine Zwischenschicht zur Abdichtung, dass man's einigermaßen aushalten konnte. Mit bloßen Händen haben wir das gemacht, man hat ja keine Handschuhe gehabt, nix.« Edith Eints erinnert sich an die verzweifelten Versuche, ihre provisorische Wohnstatt einigermaßen winterfest zu machen. »Da war die große Feldmühle, eine Papierfabrik. Schiffe, die an der Drehbrücke anhalten mussten, hatten Papierballen geladen – so dickes Papier. Und von diesen Ballen, da haben sie ab und zu mal einen ›verloren‹ – soll heißen: Mein Vater kannte dort jemanden, der dafür gesorgt hat. Das waren so große Platten, einen Meter auf einen Meter, die wir aufgefangen oder an Land gezogen haben. Damit konnten wir dann die Türen und Wände bei uns zu Hause abdichten. Heizmaterial, das gab's überhaupt nicht. Ich weiß nicht, ob wir je Kohlen auf Zuteilung gekriegt haben, ich weiß bloß, dass wir diese Schlagbäume geklaut haben. Nachher war keine Wiese mehr oder keine Weide mehr abgetrennt, das Vieh konnte rumlaufen, wie es wollte. Und wir sammelten das angeschwemmte Holz von der Pinnau, dem Nebenfluss der Elbe. Die Kälte war wahnsinnig.«

Keiner, der monatelang Hunger gelitten und sich schon seit Wochen gegen den Frost wehren musste, hatte sich vorstellen können, dass es noch schlimmer kommen könnte. Doch die im Januar 1947 einsetzende dritte, härteste Frostwelle machte den Menschen das Leben zur eisigen Hölle. Wer jetzt keine Kraft hatte, den lebensfeindlichen Umständen zu widerstehen, der war endgültig verloren. Die alten Menschen traf es zuerst, so zum Beispiel Opa Kotsch in Berlin-Hermsdorf. Seit dem Vorwurf seiner Tochter, er würde nur an sich denken und den Kindern noch die knapp bemessene Essensration wegnehmen, hatte der Großvater ein zurückgezogenes Leben geführt. Seine Schlafstube, einst sein Refugium für die Nacht, in der er wenigstens am Abend

Ruhe vor den Weibsleuten haben wollte, verließ er jetzt nur noch selten. Während die Frauen – Inge, ihre Schwester und die Mutter – im Schlafzimmer in einem gemeinsamen Bett Wärme suchten, brachte der Großvater die meiste Zeit im ungeheizten Zimmer zu. Der agile Großvater, den Inge Kotsch immer als Stütze empfunden hatte, war, so schien es ihr, ein gebrochener Mann. An einem dieser bitterkalten Januarabende 1947 stand er überraschend an der Tür zu ihrem Schlafzimmer. Die Frauen lagen schon mit allen verfügbaren Kleidungsstücken im Bett, der kleine Kanonenofen spendete kaum noch Wärme. Er halte die Kälte drüben einfach nicht mehr aus. Vor dem Ofen machte sich Opa Kotsch ein Lager zurecht. Er erlebte den nächsten Morgen nicht mehr. Unterernährt und geschwächt erlag er in der Nacht der Kälte.

»Der Arzt, der ihn später dann abholte, bekam Opas Zigarettenzuteilung, die wir sonst auf dem Schwarzen Markt eintauschten. Sonst hätte er Opa gar nicht mitgenommen. Er wurde dann in der Leichenhalle bis auf weiteres aufbewahrt, denn die Erde war steinhart gefroren. Man konnte ja kein Loch schaufeln, um ihn zu beerdigen. Mutter sagte: ›Jetzt müssen wir's alleine schaffen: Für Trauer ist keine Zeit!‹ Meine ältere Schwester war die Einzige, die Geld verdiente, sie zahlte später die Beerdigung und den Sarg. Wir hatten noch Glück, dass wir einen Sarg bekamen, andere Leute mussten aus dem Holz von Kaninchenställen eine Kiste zimmern, um ihre toten Angehörigen beerdigen zu können.«

Nach einer von der britischen Militärregierung veröffentlichten Übersicht waren in der *Zeit* vom 1. Dezember 1946 bis 31. Januar 1947 in Berlin 76 Todesfälle aufgrund der

Kälte zu verzeichnen. Im gleichen Zeitraum wurden 299 Fälle schwerer Erfrierungen in den Berliner Krankenhäusern behandelt, während 23574 Personen wegen leichter Frostschäden ambulante Behandlung in Anspruch nehmen mussten. Im Februar 1947 dann erlagen in Berlin mehr als 200 Menschen der Kälte. Nach einer Statistik des Landesgesundheitsamtes belief sich die Zahl der Todesfälle durch Erfrieren oder »Frostschäden« von Dezember 1946 bis März 1947 auf 390 Personen.[112]

Doch diese Zahlen zeigen bei weitem nicht das tatsächliche Ausmaß der Katastrophe, beziehen sie sich doch nur auf jene Fälle, die unmittelbar auf die Kälteeinwirkung zurückzuführen waren. Der verheerende Zusammenhang zwischen Unterernährung und dem immense Kräfte kostenden Widerstand gegen die anhaltende Kälte war damit nicht erfasst. Ein geschwächter Körper vermochte dem eisigen Frost nichts mehr entgegenzusetzen. Ob diese Menschen nun an Hunger oder Kälte gestorben waren, wurde nur in den wenigstens Fällen unterschieden. So wird in der Statistik der Todesfälle in Berlin vom Oktober 1946 bis zum Februar 1947 darauf verwiesen, dass sich der Tatbestand des Verhungerns als Todesursache kaum erfassen lasse, da zwischen Verhungern im engeren Sinn des Wortes und Todesfällen infolge Unterernährung differenziert werden müsse. Erst mit zunehmender Dauer unzureichender Ernährung und der dadurch hervorgerufenen gesundheitlichen Schädigungen sowie vor allem seit der Kälte des letzten ungewöhnlich langen und strengen Winters wäre die Zahl der Hungertodesfälle in größerem Umfang angestiegen.[113]

Von Dezember 1946 bis Februar 1947 wurden in Berlin über 1000 Todesfälle durch Verhungern registriert, davon mehr als die Hälfte allein im Februar. Diese starke Zunahme wird im Bericht sowohl auf die so lange andauernden Kälteeinwirkungen zurückgeführt als auch darauf, dass die Ärzte infolge der sich häufenden Meldungen über Fälle von Verhungern und Erfrieren in der Tagespresse bei der Untersuchung der Todesursache den Symptomen der Unterernährung mehr Aufmerksamkeit schenkten. Die Verantwortlichen gingen daher davon aus, dass in den vorangegangenen Monaten die Zahl der Todesfälle infolge Unterernährung viel zu niedrig angegeben worden war.

Die chronische Mangelernährung, das Fehlen der für die körperliche Abwehr unabdingbaren Eiweiße, Fette, Vitamine und Mineralsalze musste im sogenannten Notwinter unwillkürlich zur Katastrophe führen, von der besonders Kinder, alte und erkrankte Menschen betroffen waren. Ihre Widerstandskräfte ließen nach und machten sie anfällig für Infektionskrankheiten. Die dauerhafte Unterversorgung mit den Vitaminen C und A (wofür unter anderem Butter und eben nicht die meistens verteilte Margarine als Träger dient), das fehlende Gemüse und Obst und auch die unregelmäßig erfolgten Zuteilungen setzten den Geschwächten zu. So brachten zum Beispiel die überaus seltenen, heiß ersehnten Fleischzuteilungen keinen so großen Nutzen, da das Eiweiß einer einmaligen größeren Fleischmenge vom Körper weit weniger effektiv verarbeitet werden kann als das einer regelmäßig zugeführten kleineren Menge. Die Unmöglichkeit, erkrankten Menschen, besonders Zuckerkranken, Tuberkulösen sowie Magen- und Darmerkrankten, eine spezifische Diät zu verabreichen und an Genesende zusätzliche Nahrungsmittel zum Aufbau ihrer Kräfte zu verteilen, ließ ihnen kaum eine Chance, die harte Winterzeit zu überstehen.[114]

Harald Walter sah sich als Arzt am Lübecker Krankenhaus immer wieder vor neue Probleme gestellt: »Ich erinnere mich, dass wir Insulin für die zu behandelnden Diabetiker brauchten; das stellte eine Firma aus den Bauchspeicheldrüsen von Schweinen her. Doch das Präparat, das wir geliefert bekamen, zeigte keine Wirkung. Es stellte sich heraus, dass die Mitarbeiter der Herstellerfirma in ihrer Hungersnot die Bauchspeicheldrüsen aufgegessen hatten, statt sie zur Insulingewinnung zu verwenden. In den an uns gelieferten Ampullen war kein Wirkstoff.«

Wirkungslose Medikamente, Lebensmittel mit nur geringem Nährwert, kein Frischgemüse, kein Frischobst, keine Frischmilch, keine Frischkartoffeln[115] – dazu kamen Ungeziefer und Krankheitserreger und Ungeziefer in der Nahrung. »Im Konsum gab es eine Linsenzuteilung«, erzählt Thea Merkelbach, »da krabbelten unzählige Käfer drin. Wir Kinder mussten die Linsen aussortieren – nur die mit Löchern drin durften wir nehmen, da waren die Käfer schon draußen. Das war mir so ekelhaft, ich konnte nichts von den Linsen essen, obwohl ich so einen Hunger hatte.«

Verunreinigte Lebensmittel und verseuchtes Wasser führen zur Verbreitung von Typhus und Tuberkulose in ganz Deutschland. Allein in der britischen Besatzungszone werden 46 000 Fälle von offener Tuberkulose registriert. Besonders trifft es diejenigen, die in engen Behelfsquartieren ohne sanitäre Einrichtungen leben müssen. Für die sechsköpfige Familie von Edith Eints gab es kein fließendes Wasser. »Das Wasser, das wir zum Waschen und Kochen brauchten, haben wir aus den Gräben geholt; aus den Gräben zwischen den Feldern – das stank. Mein Bruder, der wurde morgens einmal wach und fragte: ›Was habe ich da?‹ – Und dann zog meine Mutter ihm den Spulwurm aus der Nase. Sie sagte zu ihm: ›Das war eine Nudel‹.«

Der Kulturfilm *Fleckfieber droht* wurde 1946/47 in den Kinos der sowjetischen Zone gezeigt und sollte einmal mehr die Bevölkerung darauf aufmerksam machen, wie wichtig die Körperhygiene jedes Einzelnen ist. Aber was konnte man für die Hygiene tun, wenn die Wasserleitungen vereist, die Rohre geplatzt, die Toiletten außer Funktion waren? »Bei minus 25 Grad froren sämtliche Abflussrohre zu«, erinnert sich Erhardt Nitschke aus Berlin, »da haben wir den Inhalt der vollen Nachttöpfe einfach aus dem Fenster in die noch vorhandenen Bombentrichter geschmissen.« Deutschland befand sich wieder im tiefsten Mittelalter.

Angesichts fehlender Medikamente und medizinischer Geräte mussten viele Aktionen der staatlich gelenkten Gesundheitsfürsorge eher hilflos wirken. Günther Kammeyer aus Hamburg bekam in der Schule jeden Tag einen Löffel Lebertran: »Ekelhaftes Zeug, ich hab fast gebrochen. Aber es musste gegessen werden für unsere Knochen. Wir machten auch eine Stunde rundum Höhensonne, war auch ein Aufbaumittel für unsere Knochen.«

Die Bereitstellung des immer knappen und so notwendig gebrauchten Penicillins war oft nicht gewährleistet. Harald Walter hatte im Krankenhaus täglich mit dem Versorgungsengpass an Medikamenten zu tun: »Oft gab es kein Penicillin mehr, weil alles für die Tripper-Patienten verbraucht werden musste. Ein Kollege bat mich einmal für seinen Vater Penicillin zu besorgen, der hatte eine schwere Lungenentzündung. Da musste ich das noch vorhandene

Penicillin irgendwie so einteilen, damit für den alten Mann noch etwas übrig blieb. Er wäre sonst wahrscheinlich gestorben.«

Auch Lotte Szelskis Baby wurde das Opfer von mangelnder medizinischer Versorgung, grimmiger Kälte und Lebensmittelrationierung. Nach Weihnachten hatten sich die Szelskis mit ihrem knapp vier Monate alten Baby die meiste Zeit wieder in den einigermaßen beheizbaren Räumen der Eltern aufgehalten. Der kleine Felix sollte sich auf keinen Fall erkälten. »Aber einer von uns musste regelmäßig, praktisch jeden Tag, in unsere Wohnung. Man musste ja nach dem Rechten sehen und vor allem die Milchpulverzuteilung für Felix holen. Das war damals so – wo die Milch angemeldet wurde, in dem Bezirk musste sie auch geholt werden. Aber die Wege waren bei dem Wetter, dem Schnee und Glatteis mühsam. Deshalb sind wir schließlich in der Wohnung geblieben, trotz Kälte. Bis dahin war der kleine Felix gesund gewesen. Dann fing er an zu husten. Wir haben es natürlich zuerst mit Salbe versucht, die Brust eingerieben und Tee gegeben. Aber es wurde nicht besser, es wurde eine richtige Erkältung.« Lotte Szelski ging mit ihrem Kind zum Arzt; der empfahl sofort eine Einweisung ins Krankenhaus. »Es ging ja um die ganze Versorgung und Arznei. Es war die Zeit, wo es eben nichts oder wenig gab. Und er sagte, dort sei er besser aufgehoben. Wir waren natürlich sehr traurig, als der kleine Felix ins Krankenhaus musste. Wir sind zu jeder Besuchszeit gegangen, in der Hoffnung, dass wir ihn wieder mit nach Hause nehmen können. Das hat uns eigentlich auch die Kraft gegeben, weil wir dachten, wir können ihn holen. Aber dann – auf einmal war es Lungenentzündung. Ich glaubte immer noch, dass alles gut wird. Eines Abends kam der Oberarzt auf dem Gang auf uns zu. Ich hab das aber gar nicht so beachtet. Mein Mann hatte es schon mitgekriegt, der hatte schneller geschaltet als ich, was los war, sah schon am Gesichtsausdruck des Arztes, dass irgendwas anders war als sonst. Ich war zielstrebig auf die Tür zum Krankenzimmer zugegangen, wo der kleine Felix lag, drückte schon die Klinke hinunter, da nimmt mich der Arzt am Arm, hält mich zurück und sagt: ›Frau Szelski, ihr Sohn ist verstorben.‹ Ich konnte es gar nicht fassen. Und irgendwie hab ich dann gesagt: ›Wir wollten ihn doch mitnehmen, oder …‹ Da sagte der Arzt: ›Ja, Sie können ihn auch mitnehmen.‹ Nein, ich *sollte* ihn mitnehmen und mit dem Kinderwagen auf den Friedhof fahren. Aber das konnte ich nicht. Also das war dann zu viel und da war alles aus.«

Viele Patienten waren in den Krankenhäusern gesundheitlichen Gefahren ausgesetzt, und auch das Personal, die Ärzte und die Krankenschwestern fürchteten die Ansteckung infolge mangelnder Hygiene. Den grassierenden Infektionskrankheiten war man nicht gewachsen. Harald Walter erfuhr das im Lübecker Krankenhaus: »Wenn die Geräte abgekocht worden waren, mussten sie ja steril entnommen werden. Dazu diente eine Kornzange, die in einem mit Sagrotan gefüllten Standglas ruhte. Mit dieser Zange wurden die Instrumente dann aus dem Wasser geholt. Ein Wunder Punkt waren die Record-Spritzen. Sie bestanden damals aus einem Glaszylinder und Einfassung. Wenn man sie nicht wie ein rohes Ei behandelte, gingen die Glasteile leicht kaputt. Und Ersatz war nicht zu bekommen. Auch Gummihandschuhe waren absolute Mangelware. Sie wurden so lange geflickt, bis nichts mehr vom eigentlichen Handschuh zu sehen war. Diese Dinger waren dann natürlich nicht dicht. Wenn man sie auszog, kam eine undefinierbare Flüssigkeit mit heraus, je nachdem, was man gerade mit den Handschuhen an der Hand gemacht hatte. Was als Schutz vor Infektionen dienen sollte, war de facto eine Farce.«

Gertrud Schöne, damals dreiundzwanzig Jahre alt, arbeitete als Krankenschwester im Diakonissen-Krankenhaus in Leipzig: »Wir haben bis zum Umfallen gearbeitet, mit knurrendem Bauch! Ich hatte einen 15-Stunden-Arbeitstag, um 6.30 Uhr ging es los. Verpflegt wurden wir im Haus. Aber wie! Dünne Wassersuppen, montags 100 Gramm Butter, zweimal in der Woche eine Brotzuteilung: Dienstag und Freitag je zwei Pfund. Die Ration am Dienstag aßen wir sofort ratzeputz auf, denn von Dienstag bis Freitag war es ja nicht so lange wie von Freitag bis Dienstag. Dabei habe ich für meine Mutter immer noch etwas abgezwackt. Auch die Patientenversorgung war mager! Es gab halt nichts. Das Krankenhaus war übervoll. Die Verweildauer war überdurchschnittlich lang, da die Wunden nicht heilten und Infektionen dazukamen. Ich selbst habe mich bei einem Jungen mit Diphtherie angesteckt. Der kleine Fünfjährige hatte am ganzen Körper auch Furunkel, eine Schmutzkrankheit, weil es überall an Hygiene fehlte. Er wollte sich nur von mir die frischen Verbände machen lassen. Aber was sag ich – Verbände! Verbandszeug gab's nicht. Wir nahmen elastische Binden aus Krepppapier – wie man es heute zum Verpacken von Blumentöpfen nimmt. Der Kleine knisterte am ganzen Körper, wenn er sich bewegte. Und dann kam beim Abstrich heraus, dass er Wund-Diphtherie hatte. Und ich litt kurz darauf unter Halsschmerzen – Diphtherie fängt ja immer im Hals an. Ich musste in ein anderes Krankenhaus, weil wir bei uns im Haus keine Infektionsstation hatten.«

Ob Lübeck, Leipzig oder Hamburg – im Mikrokosmos Krankenhaus spiegelte sich die Katastrophe Deutschlands im Hungerwinter 1946/47. Ein ganzes Land lag auf der Intensivstation, aber die lebenserhaltenden Geräte liefen – wenn überhaupt – nur mit Notstrom. »Im überfüllten Marienkrankenhaus lag meine Mutter zuerst alleine in einem Raum! Wenn man da alleine liegt, dann kriegt man bald die letzte Ölung, das wusste man genau. Das war für mich ganz schrecklich. Aber mein Stiefvater gab nicht auf. Mein Onkel lebte in Freiburg, der hatte eine Bäckerei und einen Kolonialwarenladen. Er hatte uns schon viel geholfen und sollte nun eine Kiste nach Hamburg schicken, darauf sollte er »Bücher« schreiben. Bücher sind ja schwer, und Bücher durfte man verschicken. In Wirklichkeit war da Alkohol drin! Eierlikör, Rotwein – Modezeitschriften lagen oben auf, die gab es ja damals schon in Frankreich. Und dann haben wir die ganze Kiste ins Marienkrankenhaus gebracht, und mein Stiefvater hat zum Arzt und den Schwestern gesagt: ›Das ist für Sie! Retten Sie meine Frau! Machen sie damit, was sie wollen, Sie können es auch tauschen, aber retten Sie meine Frau!‹ Von November bis März war Mutter im Krankenhaus. Aber sie hat überlebt.« In diesen vier Monaten besuchte die neunjährige Ursula Stenzaly ihre Mutter im Hamburger Marienkrankenhaus täglich: »Ich durfte mich frei bewegen, ich war auch in der Kleiderkammer – wenn die Leute verstorben waren, keine Angehörigen hatten, dann haben sie das eben anderen Leuten gegeben. Der eine hatte ein linkes Bein ab, der andere das rechte; dann kriegte eben einer den Schuh und ein anderer den anderen. Ich weiß auch noch genau, wo die Toten reinkamen, da war so ein Durchgang zwischen den beiden Gebäuden.«

Die arktischen Temperaturen erschwerten die Beerdigungen der Toten. So wurden die gefrorenen Leichen gelagert, bis die angetauten Böden wieder Bestattungen zuließen. Zum ersten Mal seit Ende November 1946 war das wieder im März 1947 möglich – nach fast vier Monaten!

Lotte Szelski erinnert sich noch heute schmerzhaft an die Schwierigkeiten, für ihr verstorbenes Baby einen Sarg zu bekommen: »Na, und auf einmal kam der Sarghändler mit dem Angebot: Wenn ich ihm die gesamte Säuglingsausstattung samt Essenkarte und Kleiderkarte bringe, dann könnte er mir einen Sarg besorgen. Ich hab mir gar nichts gedacht, ich hab einfach gesagt: ›Ja!‹ – ich hätte auf alles verzichtet, Hauptsache, wir bekommen einen Sarg. Abends sind wir mit dem Handwagen raus und haben den Sarg abgeholt. Das war ein schwerer Gang. Die Vorstellung, der kleine Matz liegt da drinnen im Handwagen in einem Tuch eingepackt, oder ein Kissen, oder was wir gerade dagehabt hätten, und wäre so verbuddelt worden – ich hätte keine Ruhe gefunden. Durch diesen Tausch konnten wir uns von ihm wenigstens noch einmal verabschieden. Er hat dort gelegen, als würde er schlafen.« Frau Szelski hat keine Fotografie von ihrem kleinen Felix und kein Bild von der Grabstätte.

10. KAPITEL

»Wir fordern Brot!«

Die Zeit war reif, um auf die Straße zu gehen.

Kurt Matthes

Als der Ernährungsnotstand im März 1947 immer katastrophalere Ausmaße annahm, machte sich vor allem in den dicht besiedelten Gebieten Unmut breit. Großstädte wie Hamburg und Köln sowie das Ruhrgebiet wurden Schauplätze von Streiks und Massendemonstrationen. In den vom Krieg stark zerstörten industriellen Zentren war die Bevölkerung vom Hunger und der bis in den März hinein herrschenden Kälte besonders betroffen. Die Menschen drängten sich in Notquartieren, auf die Lebensmittelkarten gab es im beginnenden Frühjahr fast nichts mehr. In Wuppertal war die Hälfte des gesamten Wohnraumes zerstört. Die täglichen Rationen fielen auf nur 700 Kalorien. Sporadisch gab es Kartoffeln – auf den langen Transportwegen in den Waggons erfroren und zu einem übelriechenden Brei geraten. Das Brot, das zur Verteilung kam, hatte einen hohen Maisanteil, war häufig nass und nahezu unverdaulich.

Der Resignation und Hoffnungslosigkeit folgten die Wut und das Aufbegehren. Am 25. März 1947 legten 80 000 Wuppertaler die Arbeit nieder, und 35 000 von ihnen strömten zur Großkundgebung vor das damalige Übergangs-Rathaus in der Friedrich-Engels-Allee. Allen voran Wuppertals erster frei gewählter Oberbürgermeister Robert Daum, der sich am Wiederaufbau der Gewerkschaften aktiv beteiligt hatte. Der spätere Oberstadtdirektor Wuppertals, Friedrich Platte, arbeitete seinerzeit als städtischer Angestellter im Rathaus und blickte von seinem Büro auf die riesige Menschenmenge: »Dass diese große, gewaltige Veranstaltung zustande kam, war für keinen Wuppertaler eine Überraschung. Das war eine Selbstverständlichkeit, dass die Menschen auf ihre katastrophale Lage aufmerksam machten.«[116] Bang fragte man sich allerdings, wie die britische Militärverwaltung auf die Proteste reagieren würde.

Kurt Matthes, Jahrgang 1914 und seinerzeit SPD-Abgeordneter, nahm an der Demonstration teil: »Zigtausende hatten sich vor dem Rathaus eingefunden und der Brandrede des Oberbürgermeisters Daum zugehört, es ging um die zugeteilten Rationen, die zum Leben zu wenig und zum Sterben zu viel waren. Große Anspannung und Stille herrschte, als sich plötzlich ein englischer Panzer ganz, ganz langsam der Versammlung näherte und in die Masse der Menschen hineinrollte. Die Menschen – atemlos – wichen kurz aus, aber nur um für den Panzer einen Gang zu öffnen, um ihn passieren zu lassen, und nach der Durchfahrt den Gang sofort wieder zu schließen. Nichts geschah.«

Auch für die britische Militärregierung kamen die Protestaktionen nicht überraschend. Bereits im Herbst 1946 war es in Köln und im Februar in Essen zu kurzfristigen Arbeitsniederlegungen gekommen – seitdem hatte sich die Versorgungslage weiterhin verschlechtert. Obwohl Streiks verboten waren und deshalb von den Gewerkschaften als spontane Arbeitsniederlegungen deklariert wurden, planten die Militärs kein Vorgehen gegen demokratische Aktionen, warnten aber vor Protesten gegen die Militärregierung und gewalttätigen Ausschreitungen.

Der sozialdemokratischen Oberbürgermeister Daum erreichte in den anschließenden Verhandlungen mit den Briten die Bereitstellung eines Güterwaggons mit Lebensmitteln zur zusätzlichen Versorgung der hungernden Bevölkerung. Ein kurzer Trost, denn es bestand noch längst keine Aussicht auf eine allgemeine Verbesserung der Versorgungslage.

Über den »Hungermarsch der Essener Betriebe« im Monat zuvor berichtete die *Frankfurter Rundschau* in ihrer Ausgabe vom 4. Februar 1947: »Seit ungefähr 12 Tagen sind in Essen auch nicht annährend die Mehlmengen vorhanden, um den Bedarf der Bevölkerung zu befriedigen. Die Frauen stehen nachts ab 1 Uhr Schlange, um Brot zu bekommen. Am Montagmorgen haben die Belegschaften der Schachtanlage Gottfried-Wilhelm und Victor-Mathias gestreikt und sind geschlossen vor dem Rathaus erschienen. Ebenso die Belegschaften der Gruben I und II, weiterhin die Gruben Zollverein I, II und III. Auch die Schachtanlage ›Amalie‹ streikte 20 Minuten.«[117]

Zunächst waren es nur einige Hundert, die sich auf dem Essener Rathausplatz einfanden. Oberbürgermeister Gustav Heinemann, der spätere Bundespräsident, versuchte die Menschen zu beruhigen, doch wurden die Rufe »Wir haben Hunger!« immer lauter, und immer mehr Menschen strömten zusammen. Als der britische Stadtkommandant erschien, forderten die Demonstranten lautstark »Brot. Brot. Wir wollen Brot!« Wie die *Frankfurter Rundschau* berichtete, erklärte ein englischer Oberst, »dass die Militärregierung auf keinen Fall dulden würde, dass diese Demonstrationen zu Drohungen anwüchsen. Ihm wurde erwidert, dass es sich nicht um Drohungen handle, sondern dass um Hilfe gebeten würde.«

Der britische Kommandant versprach, alle verfügbaren motorisierten Kräfte nach Bremen zu entsenden, um Nahrungsmittel holen zu lassen. Darüber konnte man in der *Frankfurter Rundschau* lesen, dass diejenigen, die »in der abgelaufenen Versorgungsperiode kein Brot erhalten konnten, anstelle des Brotes Trockenkartoffeln im üblichen Verhältnis erhielten. Am Montagvormittag waren bereits 3000 Menschen vor dem Rathaus aufmarschiert, die stürmisch die Forderung auf Schaffung von Kontrollausschüssen verlangten. Am Montagnachmittag marschierte die Belegschaft der Firma Krupp auf dem Rathausplatz auf, so dass ungefähr 10 000 Menschen versammelt waren, die die sofortige Beseitigung der Ernährungskrise verlangten.«[118]

Auf Transparenten, die Demonstranten mit sich führten, war zu lesen:

»Wir haben Hunger«,

»Wir fordern Brot«,

»Versprechungen machen nicht satt«,

»Wir wollen essen, damit wir arbeiten können!«,

– aber auch politische Parolen von Sozialdemokraten, Gewerkschaften und Kommunisten:

»Die Einheit Deutschlands beseitigt den Hunger!«

»Wir fordern Sozialisierung der Betriebe und Kontrollausschüsse!«

»Wir Bergarbeiter kämpfen für das ganze deutsche Volk!«

»Wir fordern von der Militärregierung das Betriebsrätegesetz!«[119]

Aus Verbündeten werden Gegner

Solche vereinzelt vorgetragenen politischen Forderungen alarmierten die Westalliierten, befürchteten sie doch hier als Drahtzieher Kommunisten und damit die Einflussnahme von Genossen der bereits im April 1946 in der sowjetischen Zone gegründeten Sozialistischen Einheitspartei Deutschlands (SED). Dem unter Führung der Sowjetunion propagierten Aufbau einer »antifaschistisch-demokratischen Grundordnung« in Ostdeutschland und der damit einhergehenden Ausweitung des sowjetischen Machtbereichs nach Mitteleuropa begegneten die Westalliierten mit großem Misstrauen. Die Einflussnahme des Kommunismus von der SBZ aus auf die westlichen Zonen Deutschlands oder gar Westeuropas galt es in jedem Fall zu verhindern.

George F. Kennan, während des Zweiten Weltkriegs Attaché der US-Botschaft in Moskau und Kenner der Politik im Kreml, hatte seine Regierung schon 1945 vor dem sowjetischen Machthunger in Europa gewarnt: »Die Idee, Deutschland mit den Russen regieren zu wollen, ist ein Wahn. Ein ebensolcher Wahn ist es, zu glauben, die Russen und wir könnten uns eines schönen Tages höflich zurückziehen, und aus dem Vakuum werde ein gesundes und friedliches, stabiles und freundliches Deutschland steigen. Wir haben keine andere Wahl, als unseren Teil von Deutschland zu einer Form von Unabhängigkeit zu führen, die so befriedigend, so gesichert, so überlegen ist, dass der Osten sie nicht gefährden kann. Hierüber, nicht über undurchführbare Pläne für eine gemeinsame Militärregierung, sollten wir uns Gedanken machen. Besser ein zerstückeltes Deutschland, von dem wenigstens der westliche Teil als Prellbock für die Kräfte des Totalitarismus wirkt, als ein geeinigtes Deutschland, das diese Kräfte wieder bis an die Nordsee vorlässt.«[120]

Am 22. Februar 1946 sandte Kennan eine mehrere Seiten lange Depesche an sein Außenministerium in Washington, die allgemein als inoffizielle Erklärung des Kalten Krieges gilt. In dem Fernschreiben ist von einer grundsätzlich aggressiven Außenpolitik der Russen die Rede. Moskau bekämpfe Amerika, wo immer es könne. Mit einem solchen Staat gebe es keine friedliche Koexistenz, sondern nur mehr den Konflikt. Später veröffentlichte Kennan sein Telegramm unter dem Pseudonym »X« in der politisch einflussreichen Zeitschrift *Foreign Affairs* und erzielt damit eine große Breitenwirkung.

Die unterschiedliche ökonomische Entwicklung in den Besatzungszonen, zum Beispiel die Enteignung der Großindustriellen sowie die Bodenreform in der sowjetischen Zone, und die sehr zögerliche Dekartellisierung in den Westzonen führten schon bald nach dem Krieg zu einer Abgrenzung des Westens gegenüber der Sowjetunion. Der Ost-West-Konflikt trat dann auch auf den Außenministerkonferenzen 1946 in Paris und im März/April 1947 in Moskau offen zutage. In Fragen der Besatzungspolitik kam es zu keiner Einigung mehr. Jede Siegermacht verfolgte nun in ihrer Zone ihre ureigensten Interessen, die Westmächte intensivierten ihre Zusammenarbeit.

Die Hungerproteste in den Westzonen nährten die Angst der Westalliierten vor einer Ausbreitung kommunistischer Herrschaft über ganz Europa: »Die Leute werden Kommunisten – wegen des schlechten Essens«,[121] war in den Akten des amerikanischen Geheimdienstes zu lesen. Deshalb galt es zu handeln. Die Amerikaner und Briten überdachten ihre Besatzungspolitik.

Herbert C. Hoover hatte diesen Prozess in der amerikanischen Politik entscheidend beeinflusst. In seinem Bericht an US-Präsident Harry S. Truman wies der amerikanische Wirtschaftsexperte und einstige US-Präsident (1929–1933) auf die Bedeutung Westdeutschlands als eines möglichen Bollwerks gegen den Kommunismus hin und, verbunden damit, auf die Notwendigkeit einer starken deutschen Wirtschaft: »Es gibt nur einen Weg, der zur Gesundung Europas führt, nämlich die Erhöhung der Produktion. Die gesamte Wirtschaft Europas ist mit der deutschen Wirtschaft durch den Austausch von Rohstoffen und Fertigwaren eng verkettet. Die Produktionsfähigkeit Europas kann nicht wiederhergestellt werden, ohne dass Deutschland in die Lage versetzt wird, zu dieser Produktivität beizutragen. [...] es ist eine amerikanische Politik angekündigt worden, die die

Grenzen der westlichen Zivilisation verteidigen soll. Die wichtigsten dieser Grenzen sind die deutschen und japanischen. Wenn diese Grenzen verloren gehen, sind ganz Europa und der Osten verloren.«[122] Unter dieser Prämisse ist die Entstehung des Marshallplans zu verstehen: Die unter amerikanischem Einfluss stehenden Länder sollten mit ökonomischen Mitteln, mit Wiederaufbau und massiver wirtschaftlicher Unterstützung, Teil der westlichen Einflusssphäre bleiben.

Am 5. Juni 1947 entwarf der amerikanische Außenminister George Marshall in seiner berühmten Rede vor Studenten der Harvard-Universität die Grundzüge eines Hilfsprogramms für Europa. Die USA erklärten sich bereit, umfangreiche Geldmittel zur Verfügung zu stellen, falls die Europäer sich selbst vorher über einen gemeinsamen Aufbauplan und die Verteilung der Hilfsgelder geeinigt hätten. Die UdSSR lehnte die Teilnahme an der Vorkonferenz in Paris ab und verbot diese auch den anderen osteuropäischen Staaten. Die Tschechoslowakei musste ihre Zusage wieder zurückziehen. Für die deutschen Westzonen, die in das Aufbauprogramm mit einbezogen worden waren, unterschrieben die Militärgouverneure der Westalliierten. »Freie Bahn dem Marshall-Plan« hieß es dann 1948 – das Startsignal für den wirtschaftlichen Aufschwung in den Westzonen.

11. KAPITEL

Warten auf bessere Zeiten

> Ich weiß noch – eines Tages verschwanden die Eisblumen am Fenster. Erst oben, ein kleines Stück – und jeden Tag nun konnte man besser, klarer hinaussehen. Das Eis verschwand, und alle in der Familie spürten: Jetzt geht es wieder aufwärts. Und aus dem Haus gehen zu können, ohne ausgestopft zu sein – mit nackten Füssen sogar! Das war wunderbar.
>
> *Günther Kammeyer*

Nach dem Ende der Frostperioden keimte wieder Hoffnung auf; die Wärme versprach ein leichteres Leben, versprach Gesundheit und Brot. Leider wurde nur allzu schnell klar, dass die Kälte zwar vorübergegangen, der Hunger aber geblieben war. Im Frühjahr 1947 hatte die Wirtschaft einen neuen Tiefstand erreicht. Nicht einmal mehr ein »Gleichgewicht des Mangels« konnte hergestellt oder geplant werden.[123]

In Hungerdemonstrationen und Bergarbeiterstreiks machte sich die deutsche Bevölkerung Luft, erste Anzeichen eines grundlegenden Wandels ihrer Stimmungslage und ihres Selbstgefühls. Das schuldbewusste Dulden wich der Empörung. Die Vertrauenskrise der Deutschen gegenüber der Politik der Besatzungsmächte hatte ihren Höhepunkt erreicht. So hieß es beispielsweise im Monatsbericht der britischen Kontrollkommission für April, dass die Bevölkerung nunmehr äußerst misstrauisch gegenüber Versprechungen und Zusicherungen der Engländer geworden sei, »und selbst wenn man nicht durchweg die guten Absichten der Briten leugne, so zweifele man an deren Fähigkeiten, sie auszuführen. Vielfach werde angenommen, die Lebensmittelkürzungen seien Teil einer bewussten englischen Politik, und Gerüchte gingen um, in Jalta sei ein geheimes Abkommen getroffen worden, das vorsehe, Deutschland drei Jahre lang hungern zu lassen und unter der Bedingung der Konzentrationslager leben zu lassen.«[124]

General Lucius D. Clays intensive Bemühungen, im Verbund mit den Briten die Lebensmitteleinfuhren zu verstärken, schlugen sich im Meinungsbild der Deutschen kaum nieder – auch deshalb, weil sie nicht zum erwünschten und spürbaren Erfolg führten. Allein in den Monaten Januar bis April 1947 war mehr als eine monatliche Getreidelieferung in Höhe von 330 000 Tonnen ausgeblieben, wofür die geringen Transportkapazitäten, aber auch Meinungsverschiedenheiten mit den Engländern verantwortlich gemacht wurden.[125] So musste aufgrund fehlenden Weizens das Brot weiterhin bis zur Hälfte mit Maismehl gestreckt werden; Deutschland wurde im Volksmund zu »Maisopotamien«. Die täglichen Rationen sanken in manchen Regionen bis unter 1000 Kalorien, im August 1947 örtlich sogar bis auf 600 Kalorien pro Tag.[126]

Dem bitterkalten Hungerwinter folgte ein Glutsommer. Mit einer von Juli bis August anhaltenden Dürreperiode, in der Temperaturen von bis zu 40 Grad im Schatten herrschten, wurde der Sommer des Jahres 1947 zum heißesten und trockensten seit 1921 in Deutschland und zum Tiefpunkt der Ernährungsversorgung in der gesamten Nachkriegszeit. Vor allem die Versorgung der Bevölkerung mit Kartoffeln war eine Überlebensfrage. Wassermangel und Trockenheit hatten verheerende Auswirkungen auf die Ernte, vielerorts zerbrach die Erde in große Schollen, so dass die Felder sich kaum noch umpflügen ließen. »Wir haben uns im Keller aufgehalten, um uns vor der Hitze zu schützen. Es gab keine Kartoffelernte; die Bauern holten nichts anderes als die gesteckten Kartoffeln raus. Alles war verdorrt. Die Weinreben waren wie verbrüht. Da hatten auch die Franzosen, die den Wein so liebten, keine Freude daran«, erzählt die 1925 geborene Annemarie Heller aus Neustadt in der Pfalz.

Der Landrat von Ahrweiler in der Eifel – ebenfalls in der französischen Besatzungszone gelegen – sprach von Schäden an Saaten, Feldfrüchten und Gemüse von katastrophalem Ausmaß. Sein Bericht vom September 1947 gibt das ganze Ernährungsdesaster wieder. Danach waren in die Stadt seit acht, neun Wochen keine Kartoffeln mehr geliefert worden, weshalb die Bevölkerung die ihr nach den Lebensmittelkarten zustehenden Kartoffelmengen nicht erhalten hat. Auch das Mehl reichte in verschiedenen Bezirken nicht aus, so dass es tagelang kein Brot zu kaufen gab.[127]

Die landwirtschaftlichen Erträge im dritten Nachkriegsjahr waren die niedrigsten des gesamten Jahrhunderts. Auf dem Schwarzmarkt stieg der Kartoffelpreis auf 600 RM pro Zentner. Zeitgenossen sprachen von einer »Kartoffelschlacht«. Das Tauschen Ware gegen Ware, der sogenannte Kompensationshandel, nahm verheerende Ausmaße an, wobei sich nicht länger nur der Einzelne mit lebensnotwendigen Gütern versorgte, sondern in allen Zonen ganze Verbände und Verwaltungen Tauschhandel betrieben und somit dem Bewirtschaftungssystem ungeheure Warenmengen entzogen. Die Besatzungsmächte gingen rigoros gegen Lebensmittelhinterziehungen der Bauern vor. Durchsuchungen von Bauernhöfen und Massenschlachtungen wurden angeordnet. In Ahrweiler führte das Kreisernährungsamt zusammen mit der Polizei Hofbegehungen durch, wobei allein zwischen dem 31. Mai und dem 27. Juni 1947 riesige Mengen an zurückgehaltenen Lebensmitteln sichergestellt wurden:

275 212 Kilogramm Kartoffeln
49 593 Kilogramm Brotgetreide
3342 Kilogramm Mehl
139 Kilogramm Raps
1086 Kilogramm Hafer.

Verhältnisse, die das Bewirtschaftungssystem grundsätzlich infrage stellten. Einer viel zu großen Geldmenge stand nur noch ein geringes Warenangebot gegenüber. Allein die Konsolidierung der Währung konnte den Tauschhandel ablösen und einen geordneten Warenverkehr garantieren. Dies war zudem Bedingung für die Einbeziehung Deutschlands in den Marshallplan, das vom US-Außenminister entworfene milliardenschwere Hilfs- und Wiederaufbauprogramm für Europa.

Die Währungsreform

Schon im August 1946 hatten die Amerikaner ihren Plan für eine Währungsreform im Alliierten Kontrollrat eingebracht. Langwierige Verhandlungen folgten. Die Westmächte und die Sowjetunion planten zunächst ein gemeinsames Vorgehen, unter dem sich zuspitzenden Ost-West-Konflikt jedoch bereitete bald jede Seite eine eigene Reform vor. Auf der im Februar 1948 begonnenen Sechsmächtekonferenz in London, die ohne Beteiligung der Sowjetunion stattfand, waren die Grundlagen für einen föderalistischen, demokratischen Staat in den Westzonen gelegt worden. Als die Sowjetunion daraufhin aus Protest die Sitzung des Alliierten Kontrollrats am 20. März 1948 »vertagte« – er trat seitdem nicht mehr zusammen –, fällten die drei Westmächte auch sofort die Entscheidung für eine separate Reform in ihren drei Zonen. Obwohl Frankreich noch Anfang 1947 gegen die Bildung der Bizone protestiert hatte und auch jetzt nur sehr zögerlich einen Zusammenschluss zur Trizone befürwortete, akzeptierte es die gemeinsame Währungsreform. Damit war auch die Kluft der drei Westalliierten zum einstigen sowjetischen Verbündeten endgültig offen zutage getreten.

In Rothwesten, einer Kaserne in der Nähe von Kassel, abgeschirmt von der Öffentlichkeit, bereiteten sechs deutsche Experten die Reform vor und arbeiteten die entsprechenden Gesetze und Verordnungen aus. Noch während der Verhandlungen über die letzten Modalitäten rollten bereits amerikanische und britische Lastwagen mit dem neuen Geld *made in USA* von Frankfurt aus zu den Landeszentralbanken und ihren Nebenstellen.

Am Samstag, dem 19. Juni 1948, wurde der deutschen Bevölkerung über eine Rundfunkansprache und Extrablätter mitgeteilt: »Die neue Währung heißt die Deutsche Mark [...] Jeder wird haushalten müssen, und jeder sollte sich bei seinen Einkäufen ernstlich überlegen, ob die Ware den geforderten Preis auch wirklich wert ist.«[128] Die neunzehnjährige Hannelore Hahn arbeitete in einer Zweigstelle der Kölner Sparkasse und erinnert sich noch genau, dass sie die Vorbereitungen auf den »großen Tag« das gesamte Wochenende gekostet hatten: »Es war alles streng geheim abgelaufen. Wir erfuhren erst in letzter Minute von der bevorstehenden Reform. Es sollte vermieden werden, dass noch Geld auf die Konten kommt. Ich habe den Samstag und Sonntag durchgearbeitet; wir mussten ja alles per Hand umrechnen, ich schlief über der Rechenmaschine ein. Als es dann so weit war, kam so mancher mit ganzen Koffern voll Geld, die er noch auf sein Konto einzahlen wollte – da hätte man ja wenigstens noch zehn Prozent dafür bekommen. Aber wir sagten den Leuten, dass sie bestimmt irgendwann erklären müssten, woher sie das viele Geld hätten. So viel konnte ja nur über Schwarzmarktgeschäfte zusammengekommen sein – das wär' dann rausgekommen. Und da haben die Leute auf der Straße vor der Sparkasse ihre Koffer einfach ausgeschüttet und das Geld verbrannt.«

Der Austausch der Reichsmark gegen die Deutsche Mark (DM) vollzog sich in zwei Stufen. Jeder Bewohner der Westzonen erhielt für 60 Reichsmark ein »Kopfgeld« von 40 Deutschen Mark, im August noch einmal weitere 20 DM; Unternehmen bekamen für jeden beschäftigten Arbeitnehmer 60 DM. Löhne, Gehälter, Pensionen, Renten, Mieten und Pachtzinsen wurden im Verhältnis 1:1 umgestellt, die meisten anderen Verbindlichkeiten 10:1. Besonders hart traf es die Besitzer von Sparguthaben, für 100 Reichsmark erhielten sie gerade einmal 6,50 DM. Vor allem die deutschen Sachverständigen hatten auf eine knappe Geldausstattung der Bürger gedrängt, in der Hoffnung, so die stabile Geldwertentwicklung zu begünstigen. Die Militärregierungen verordneten schließlich die ersatzlose Streichung der restlichen Guthaben und setzten damit einen für viele schmerzhaften Schlussstrich unter die Bemühungen, den gewaltigen Überschuss an umlaufendem Geld und somit ein großes Inflationspotential zu beseitigen. Bereits am 20. Juni 1948, mit Einführung der neuen Währung, verkündete Ludwig Erhard, zu dieser Zeit Direktor der Verwaltung für Wirtschaft im vereinigten Wirtschaftsgebiet, eigenmächtig – ohne Zustimmung der Besatzungsmächte – die weitgehende Aufhebung der Bewirtschaftung und Preisbindung. Damit ebnete er den Weg für eine marktwirtschaftliche Ordnung.

In der SBZ reagierte man darauf prompt, am 23. Juni folgte dort eine eigene Währungsreform. Da neue Banknoten noch nicht gedruckt waren, wurden die alten Reichsmarkscheine zunächst mit Kupons beklebt. Jeder ostdeutsche Bürger erhielt 70 Mark sofort. Die Zwangsbewirtschaftung allerdings wurde in der SBZ und in der späteren DDR noch bis 1958 beibehalten.

1948 war das Jahr der Entscheidung. Die Abschaffung der Zwangswirtschaft und die Einführung der D-Mark in den Westzonen und der Mark in der SBZ besiegelte die ökonomische Spaltung Deutschlands.

Nun hatte das Land zwei Währungen – und zwei Wirtschaftsordnungen. Denn während in Westdeutschland die Markwirtschaft zu greifen begann, propagierte man im Osten die sozialistische Planwirtschaft.

Der Schwarzmarkt verschwand von einem Tag auf den anderen. Über Nacht waren plötzlich die Schaufenster der Geschäfte in den Westzonen gefüllt – all die Waren, die bis dahin gesetzeswidrig zurückgehalten worden waren, konnte man nun ganz legal kaufen. »Freie Ware«, stand über den reichen Auslagen der Läden geschrieben, oder: »Hier wird nicht mehr geflüstert!« Die Währungsreform von 1948 legte den Grundstein für den westdeutschen Gründungsmythos. Unzählige Geschichten beschrieben später die Einführung des neuen Geldes als dramatisches Wendeereignis: Bis zu diesem sagenhaften 20. Juni 1948 wird eine Zeit des Stillstandes, des Darbens und Hungerns, der Waren- und Wertlosigkeit erinnert, dann geschah in den Augen vieler »über Nacht« das Wunder einer überbordenden Warenfülle in den Schaufenstern, verbunden mit der Ausgabe der neuen Währung. Mit dieser Erfahrung nahm die Erzählung eines westdeutschen Wir-Verständnisses ihren Lauf: Die prall gefüllten Läden wurden zu Vorzeichen des späteren Wirtschaftswunders, das »Kopfgeld« versprach künftiges Wohlleben und »Wohlstand für alle«. So jedenfalls die erste rudimentäre Ausgestaltung des westdeutschen Mythos. – Die Wirklichkeit sah freilich anders aus: Ob die neue Währung wirklich Zukunft garantieren würde, war im Frühsommer 1948 keineswegs abzusehen. Nicht wenige hegten Zweifel, zumal auch unmittelbar nach der Währungsreform wieder Ernüchterung einkehrte. Ernüchterung im wahrsten Sinne des Wortes, denn anfangs war das Geld nicht da, um all die Waren zu kaufen.

Vom Wunder, überlebt zu haben

Fassungslos stand der inzwischen zwölfjährige Günther Kammeyer vor den gefüllten Schaufenstern und Ladenregalen und fragte sich, wo Gemüse und Obst, Kuchen und Brot, Schuhe und Kleidung in der zurückliegenden Notzeit bloß gewesen waren. Das alles schien ihm unfassbar; zu nah noch war das Vergangene, all die Entbehrungen, der Hunger und die Kälte nicht vergessen. Heute, als Sechsundsiebzigjähriger, blickt Günther Kammeyer mit Verwunderung auf seine Kindheit zurück: »Dass wir diese Zeit überlebt haben … – es ist einfach unglaublich! Vielleicht war es meine Mutter. Sie war eine Zauberin: so viel Optimismus, so viel Kraft. Sie hat uns immer klargemacht, und das befolge ich noch heute, dass keine Zeit so schlecht und so bitter sein kann, als dass man nicht gestärkt aus ihr hervorgeht!«

Sie haben »die Zeit überlebt« – sie aber wirklich überwunden zu haben, davon konnte keiner der Zeitzeugen berichten. Sie blieben die Überlebenden einer Katastrophe, die ihr ganzes Leben veränderte.

Martin Schneider hat heute drei erwachsene Kinder. Keines von ihnen kennt die Geschichte des Vaters. Aber er ist auch froh darüber, dass ihn nie jemand nach den Erfahrungen der Nachkriegszeit befragte. So musste er sich nicht erinnern. Jetzt im Alter versuchte er, sich die Erlebnisse von damals von der Seele zu reden: »Vielleicht hilft es mir, aber ich glaube es nicht. Denn die Bilder, die bleiben im Kopf, da können Sie hindenken, wo Sie wollen, oder hingucken, wo Sie wollen, die Bilder werden Sie nie los. Die haben sich eingeprägt, und vor allen Dingen ist man sehr hart geworden. Ich konnte nie damit fertig werden, wenn Ungerechtigkeiten aufgetreten sind. Das hab' ich bekämpft. Anders ging das nicht. Das war mein persönliches Schicksal.« Für Martin Schneider nahm das Leben auch mit dem Ende des Frierens und Hungerns keine glückliche Wendung. 1948, im Jahr der Währungsreform, kam Martin Schneiders Vater endlich aus der Gefangenschaft zurück. Martin war vierzehn Jahre alt. »Für uns war es eine große Hoffnung, wir sagten, endlich kommt unser Ernährer wieder zurück. Damit war der Vater gemeint, wir hatten ihn ja kaum kennen gelernt.«

1934 wurde Martin Schneider geboren, 1936 seine Schwester. Die Schneiders hatten in Lübbenau im Spreewald gelebt, bis Martins Vater 1938 zum Reichsarbeitdienst eingezogen worden war und 1939 in den Krieg musste. Nur ein einziges Mal in all den Jahren bekam er die Erlaubnis für Heimaturlaub. Als sich die Eheleute nach knapp neun Jahren wiedersahen, war die Ernüchterung sofort spürbar: »Sie wussten gar nicht, was sie einander sagen sollten. Sie hatten sich auseinandergelebt, die ganzen Kriegsjahre. Und die Vergewaltigung meiner Mutter durch die Russen: mein Vater konnte damit nicht umgehen.«

Ein halbes Jahr lebte das Ehepaar Schneider unter einem Dach aneinander vorbei. Weder Mutter noch Vater konnten den beiden Kindern das Gefühl von Geborgenheit geben, nach dem sie sich so lange gesehnt hatten. Zu sehr hatte sie der Krieg traumatisiert. »Eines Morgens erklärte Mutter meinem Vater, dass sie allein mit den Kindern leben wolle. So lange sei sie alleine klargekommen, dass sie nun keinen Mann mehr brauche. Meine Schwester und ich, wir waren geschockt, brachten gar keinen Ton heraus. So sehr hatten wir gehofft, dass wir wieder eine Familie werden. Vater hörte sich alles an, hat genickt, packte seinen Koffer und ging. Ich habe ihn nie mehr gesehen. Wir wurden auseinandergerissen und mussten weiter kämpfen ums Überleben.« Auch das Verhältnis der Kinder zu ihrer Mutter besserte sich nicht mehr. Die Mutter blieb Martin fremd, zeitlebens. Und er war froh, dass er mit fünfzehn Jahren eine Berufsausbildung beginnen konnte, die ihn aus dem Elternhaus herauslöste. Für ihn hatte es nur einen Beruf gegeben: Er wollte Bäcker werden – um sicherzugehen, immer satt zu essen zu haben. »Ich konnte vier Teller Eintopf reinhauen, 18 Schnitten habe ich dazu gegessen; das habe ich sogar noch, als ich verheiratet war und bloß 65 Kilo gewogen hab'. Ich wusste nie, wann ich satt bin. Ich wollte nur immer essen, essen, essen.«

Die zurückliegenden Erlebnisse, die Entbehrungen und demütigenden Erfahrungen des Hungerwinters, sie hatten sich seinem Körper eingeprägt. Martin Schneider bekam RLS, das »Restless-Leg-Syndrom«: Seine Beine, sein ganzer Körper befinden sich in permanenter Unruhe, bei Tag und bei Nacht. Sein Organismus läuft permanent auf Hochtouren, wie eine Maschine. Wenn er keine Tabletten einnimmt, dann bekommt der Fünfundsiebzigjährige heute kaum eine Stunde Nachtschlaf. Sein Körper beginnt zu rumoren, verlangt nach Bewegung, so dass er sich laufend beschäftigen muss: »Wenn ich 14 Tage Urlaub habe, dann halte ich das höchstens fünf Tage mit Nichtstun aus. Wir sind in Tschechien gewesen, und da hab ich den Wirt gebeten, der sollte mir Arbeit geben; da habe ich mir seinen Zaun vorgenommen. Meine Frau ist mit dem Enkelkind dann ins Bad gegangen, und ich habe den Zaun gestrichen, die letzten acht Tage. Ich kann einfach ohne Arbeit nicht leben, und wenn das nicht mehr ist, dann ist es sowieso zu Ende.«

Das angebombte Haus in Berlin-Hermsdorf, das Inge Weßling mit ihrer Schwester und Mutter bewohnte, konnte nach der Rückkehr des Vaters aus der belgischen Kriegsgefangenschaft im Jahr 1948 wieder hergerichtet werden. Inge war Apothekenhelferin geworden, heiratete Anfang der fünfziger Jahre den Russland-Heimkehrer Riemer, gebar Sohn Frank und zog mit ihrer kleinen Familie nach Berlin-Reinickendorf. 1963 bot sich die Gelegenheit, ein Grundstück, nur einige Straßen von ihrem Elternhaus entfernt, zu kaufen. Dann heiratete Inge ein zweites Mal, nahm den Namen Kotsch an und zog mit ihrem Kind nach Reinickendorf zurück. 1965 starb ihr zweiter Mann. Das Leben wurde ruhiger in dem großen Haus. Jahre später räumte Inge für ihren Sohn Frank und seine Familie das obere Stockwerk. Nun lebten fortan drei Generationen unter einem Dach, so wie sie es im Haus ihrer Kindheit gewohnt war.

Über die Zeit nach dem Krieg hat sie nicht oft gesprochen. Unter Hunger gelitten zu haben, auf Hamsterfahrt gegangen zu sein, bei den Bauern gebettelt und Holz und Kohlen gestohlen zu haben – all das war doch mit einem Makel behaftet und taugte nicht recht, den Enkeln als gutes Beispiel oder als lustige Streiche erzählt zu werden. »Trotz allem bin ich zweiundachtzig Jahre alt geworden. Und es gibt Dinge von damals, die wird man auch nicht mehr los. Die kann auch keiner in der heutigen Überflussgeneration verstehen. Wenn Frühstücksbrötchen übrig bleiben, dann werden die von mir getrocknet und als geriebene Semmeln verarbeitet, denn wir sind eine Generation, die nichts wegwerfen kann.« Am 4. Januar 2009 feierte Inge Kotsch im Kreis ihrer Familie den 83. Geburtstag. Sie verstarb kurz darauf, am 5. März.

Gemäß der Familientradition im Hause Müller hätte der Richtersohn Wilhelm eigentlich Arzt werden müssen. Bis ins Jahr 1600 lässt sich der Stammbaum zurückverfolgen: Die Müllers waren in den Städten Lübeck, Minden und Herford hauptsächlich Juristen oder Mediziner. Aber Wilhelm scherte aus der Tradition aus; weder der Beruf des Juristen noch der des Arztes kam für ihn in Frage. Zu sehr hatte der junge Mann noch das Elend aus dem Gerichtssaal seines Vaters und die Erlebnisse an der Front vor Augen, den Geruch von Blut und Sterben im Gedächtnis. So mussten Entscheidungen getroffen werden, als er das Abitur nach Kriegsende nachgeholt hatte. Zunächst wollte er in die Theologie nur ein wenig hineinhören. Aber nach dem dritten Semester blieb er dabei: Wilhelm wollte Pastor werden. Er sah seine Hauptaufgabe darin, Menschen zu helfen – und so erfüllte er die Familientradition auf seine Weise doch noch.

Ende 1947 gehörte der junge Mann einer der ersten Jugenddelegationen aus Deutschland an, die nach England fuhren. Einen Monat lang durften zwanzig deutsche Jugendliche die britische Insel besuchen und Land und Leute kennenlernen. Ihr erster Aufenthalt war Wimbledon bei London. Sie kamen in einem CWM-Hostel[129] unter, in geräumigen Zimmern mit Vierer-Belegung. Am ersten Abend hieß der Landlord die jungen Deutschen willkommen. In der Küche erklärte er ihnen, dass sie ganz frei jederzeit ihr Essen dort selbst zubereiten könnten. Wilhelm Müller erzählt heute ein wenig beschämt über diesen ersten Abend: »Wir waren ja jung, und genug zu essen zu haben – das gab es für uns normalerweise nicht. An diesem einen Abend aßen wir die gesamten Lebensmittelvorräte des Hostels leer. Als wir satt waren, hatten die nichts, gar nichts mehr. Das war eben typisch für diese Zeit.«

Nach seiner Rückkehr begann Wilhelm bei der Bahnhofsmission zu arbeiten und engagierte sich in der evangelischen Gemeinde von Herford, wo er für bedürftige Jugendliche sogenannte Fressfreizeiten organisierte. Das waren Freizeitfahrten für jugendliche Gruppen ins Herforder Umland, nach Salzuflen oder in die Lüneburger Heide. Die Teilnehmer kamen zumeist aus den Ballungszentren Nordrhein-Westfalens. Auf diesen Fahrten konnten sie gute Luft genießen und sich endlich einmal satt essen. Den Transport übernahm die britische Armee. Ein junger Hauptmann, Jahrgang 1925 wie Wilhelm und Leiter eines Jugendhofes in Vlotho, wurde Wilhelms wichtigster Helfer: »Ich kann mich noch gut entsinnen, dass ich viele Male den Captain Spicer, den ich persönlich nie kennengelernt hatte, anrief und ihn bat: ›Captain, I need …‹; das war manchmal Verpflegung, manchmal auch ein Lastwagen, den ich brauchte, um Jugendliche irgendwohin zu fahren. Er hat mir immer geholfen, dieser Captain.« Eingekehrt wurde bei Bauern, die auf langen Tafeln alles für die Jugendlichen bereitet hatten. Einmal, im Sommer 1948, gab es Reisbrei, und ein Junge fraß derart viel davon in sich hinein, dass er sich danach überhaupt nicht mehr bewegen konnte und mühsam auf den Laster getragen werden musste. Doch das gehörte auch zu diesen Freizeiten: Man konnte so viel essen, wie man wollte. »Das war eine tolle Einrichtung der Engländer.«

Heute lebt der Vierundachtzigjährige zurückgezogen mit seiner Frau und einem Hund auf einem umgebauten Bauernhof in Borgholzhausen. Das Haus heizt er mit einem offenen Kaminfeuer, vor dem Wilhelm Müller oft sitzt und die alten Papiere und Fotografien durchsieht.

Eigentlich wollte Hannelore Danders nach dem Krieg Schauspielerin werden, stattdessen entdeckte sie die russische Sprache für sich und wurde Lehrerin. Nach ihrer Pensionierung lernte sie den Russen Viktor Maximow kennen, einen Kriegsveteranen aus dem Ural. Nach der politischen Wende war er nach Deutschland gereist – auf der Suche nach Verständigung mit den einstigen Feinden. 1992 gründeten sie gemeinsam die »Gesellschaft zur Hilfe für Kriegsveteranen in Russland e. V.«: »Wir wollten denen helfen, die schon fast vergessen sind!« So versucht die Sechsundsiebzigjährige, die grausamen Ereignisse des Zweiten Weltkrieges aufzuarbeiten und den Jüngeren näherzubringen.

Sie war acht Jahre alt, als der Krieg ausbrach. Ihr Vater, ebenfalls Lehrer, fiel 1945 während eines Fliegerbombardements beim Ausladen von Verwundeten aus einem Zug. Selbst erlebte sie einen der schwersten Luftangriffe auf Magdeburg, als sie allein, ohne ihre Mutter, in der Stadt unterwegs war. Erst nach Stunden des Umherirrens hatte sie wieder ihr Dorf erreicht, fiel ihrer Mutter in die Arme, die sie schon tot glaubte. Diese Ereignisse hat sie nie vergessen können.

In den vergangenen Jahren hat Hannelore Danders ein großes Netzwerk von Helfern in Russland und Deutschland aufgebaut. Die Assoziation der Familien gefallener Soldaten sowie die Vereinigungen von Veteranen der Kriegs- und NS-Opfer sind ihre Kooperationspartner in Russland. Einmal im Jahr fährt sie mit Viktor Maximow dorthin und kümmert sich um die Projekte des Vereins. In Jekaterinburg und Tscheljabinsk unterstützt der Verein Hospitäler für Kriegsveteranen, ein Waisenhaus und ein Behindertenheim, liefert Medikamente, medizinische Geräte und Kleidung. Außerdem unterhält er eine Schneider- und Holzwerkstatt für Waisenkinder. Seit der Vereinsgründung organisierte Frau Danders 95 Hilfstransporte und ermöglichte darüber hinaus Ausstellungen deutscher und russischer Künstler in beiden Ländern. »Uns geht es nicht nur um materielle Hilfe, sondern vor allem um die Arbeit für den Frieden.« Ihr Verein erhielt einen Preis der Robert-Bosch-Stiftung, wurde dreimal mit der Ehrenurkunde des Deutsch-Russischen Forums e. V. sowie der Medaille des Verbandes minderjähriger Häftlinge faschistischer Konzentrationslager des Moskauer Gebietes ausgezeichnet.

Die erste Zeit nach dem Tod ihres Sohnes Felix im Frühjahr 1947 ging Lotte Szelski jeden Tag auf den Chemnitzer Friedhof. Ihr Mann konnte das nicht. Er ertrug die Vorstellung nicht, dass sein langersehntes Kind für immer in einem Erdloch vergraben lag. Nach Jahren sollte das Grab des kleinen Felix eingeebnet werden; von einem Bekannten ließen sie es zur Erinnerung fotografieren. Lange dauerte es, bis das Ehepaar Szelski die erste schwere Trauer überwunden hatte. Der Wunsch nach einem Kind war bei beiden sehr groß: »Wir haben alles Mögliche versucht. Mein Mann und ich, haben uns beide untersuchen lassen. Wir wollten unbedingt Kinder.« Doch Lotte Szelski erlitt noch zwei Fehlgeburten – und mit ihnen erst wieder die Freude, Hoffnung und Zuversicht, und dann die Enttäuschung, die Trauer und Tränen. Es war für die beiden eine schlimme Zeit. Schließlich hielt sich das Paar an Freunde und Bekannte in der Verwandtschaft, die Kinder hatten. Und so konnten sie ihre Liebe zu Kindern doch noch weitergeben: Sie entlasteten die Mütter und übernahmen ganze Tage die Aufsicht über die Kleinen. Den Heiligen Abend gab es bei den Szelskis gar nicht mehr, er wurde zu einem Tag wie jeder andere. So wollten sie das einzige Weihnachten mit ihrem kleinen Sohn in Erinnerung behalten.

In den siebziger Jahren verstarb Lottes Mann Felix Szelski. Seit über 35 Jahren lebt die kleine, dynamische Frau jetzt allein. Seitdem nimmt Lotte Szelski am Heiligen Abend sämtliche Fotos, die sie aus ihrem Familienkreis besitzt, und legt sie vor sich auf den Tisch. So gedenkt sie still all jener, die ihr einst nahestanden. Denn jedes Bild hält eine eigene Geschichte für die alte Dame bereit, und jede einzelne lässt sie an sich vorüberziehen. Es sind traurige dabei, es sind aber auch viele schöne und lustige Erinnerungen; so wird es kein Abend in Trauer.

Und doch erlebte sie einmal wieder die Verzweiflung von damals. Auf dem Foto vom Grab ihres Sohnes entdeckte sie eines Tages, dass im Hintergrund zufällig ein kleiner Junge mit auf das Bild gekommen war. Wie hatte sie all die Jahre übersehen können, dass ein kleiner, lebender Junge mit auf dem Foto war – scheinbar plötzlich, wo sie doch immer die Bilder so eingehend betrachtet hatte? Das bestürzte Lotte derart, dass sie das Foto zerriss und fortwarf. Sie konnte es einfach nicht mehr ertragen, in diesem einen Moment.

Heute schaut sich die Sechsundachtzigjährige am Heiligen Abend noch immer alle Fotos der Ihren an, und weil sie keines mehr vom Grab ihres Sohnes Felix besitzt, nimmt sie sich eben immer einen Block Papier und malt für sich das Grab, so wie sie es in Erinnerung hat: »Das Bild, wie das Grab fotografiert war, vergesse ich sowieso nie; ich kam immer den Weg hoch, das Grab lag am Weg und daneben stand ein großer Baum. Und daneben stand dann das Kreuz, und wenn ich das alles gemalt habe, dann fehlt nur noch die Grabinschrift. Und da mal' ich mir dann rein: ›Unser Liebling Felix‹. Und so hab' ich dann die Erinnerung an unseren Liebling. Die Zeichnung ersetzt das Foto. Und so ist er mit dabei. Mit bei meinem Mann, der nun auch schon so lange tot ist. Mit dabei bei allen meinen Verwandten, den Lebenden und den Toten. Und alles hat sich damals abgespielt, hat sich damals entschieden. Dieser Winter 1946/47 war der glücklichste, aber auch der traurigste für mich in meinem ganzen Leben.«

Anmerkungen

[1] Roller, Walter: »Stunde 0? Die Lage 1945«, in: Weber, Jürgen (Hrsg.): *Geschichte der Bundesrepublik Deutschland*, Bd. 1, S. 30.

[2] Zu den Schwierigkeiten des Demokratisierungsprozesses in den Verwaltungen vgl. auch: Hanke, Irma: »Demokratisierung«, in: Benz, Wolfgang (Hrsg.): *Deutschland unter alliierter Besatzung 1945–1949/55*, S. 108–113.

[3] Clay, Lucius D.: *Entscheidung in Deutschland*, zitiert nach Roller, »Stunde 0? Die Lage 1945«, S. 22.

[4] Benz, Wolfgang: *Deutschland 1945–1949*; vgl. auch: Führer, Karl Christian: »Wohnungen«, in: Benz, *Deutschland unter alliierter Besatzung*, S. 206 ff.

[5] Roller, »Stunde 0? Die Lage 1945«, S. 22.

[6] Direktive der amerikanischen Stabschefs an den Oberbefehlshaber der US-Besatzungstruppen in Deutschland (JCS 1067), in: Steininger, Rolf: *Deutsche Geschichte 1945–1961*, S. 52.

[7] Der Morgenthau-Plan, 4.9.1944. Maßnahmen zur Verhinderung eines Dritten Weltkrieges durch Deutschland«, in: Steininger, *Deutsche Geschichte 1945–1961*, S. 44.

[8] Willenborg, Karl-Heinz: »Von Morgenthau zu Marshall. Die Alliierten und die deutsche Wirtschaft«, in: Weber, Jürgen (Hrsg.): *Geschichte der Bundesrepublik Deutschland*, Bd. 1, S. 215.

[9] Vgl. Karlsch, Rainer: »Kohle, Chaos und Kartoffeln«,

in: Engert, Jürgen (Hrsg.): *Die wirren Jahre. Deutschland 1945–1948*, S. 115.

10 Willenborg, »Von Morgenthau zu Marshall«, S. 222.

11 Berger, Thomas/Müller, Karl-Heinz (Hrsg.): *Lebenssituationen 1945–1948*, S. 46 f.

12 Simon, Lothar: »Das erste Jahr im Frieden«, in: Kleindienst, Jürgen: *Also packten wir es an*, S. 29 f.

13 Berger/Müller (Hrsg.): *Lebenssituationen 1945–1948*, S. 33.

14 Vgl. hierzu und im Folgenden: Trittel, Günter J.: »Ernährung«, in: Benz, *Deutschland unter alliierter Besatzung*, S. 117–122.

15 Willenborg, Karl-Heinz: »Überleben nach dem Zusammenbruch. Die Not der Besiegten«, in: Weber (Hrsg.): *Geschichte der Bundesrepublik Deutschland*, Bd. 1, S. 192.

16 Zitiert nach: *Geschichtliche Weltkunde*, Bd. 3, S. 114.

17 Ebd. S. 115.

18 Gries, Rainer: *Die Rationen-Gesellschaft*, S. 25.

19 Schmidt, Jürgen (Hrsg.): *Rote Rüben auf dem Olivaer Platz*, S. 21.

20 Gries, *Die Rationen-Gesellschaft*, S. 93 ff.

21 Roller, »Stunde 0? Die Lage 1945«, S. 24; vgl. auch Steininger, *Deutsche Geschichte*, S. 88 ff.

22 Grube, Frank/Richter, Gerhard: *Die Schwarzmarktzeit*, S. 31.

23 *Geschichtliche Weltkunde*, S. 183.

24 Vgl.: Willenborg, Karl-Heinz: »Überleben nach dem Zusammenbruch. Die Not der Besiegten«, in: Weber (Hrsg.): *Geschichte der Bundesrepublik Deutschland*, Bd. 1, S. 191.

25 Vgl. die Darstellungen bei: Habe, Hans: *Off Limits*.

[26] Berger/Müller (Hrsg.), *Lebenssituationen 1945–1948*, S. 23.

[27] Ebd.

[28] Bundeszentrale für politische Bildung: »Infrastruktur und Gesellschaft im zerstörten Deutschland«.

[29] In der DEFA-Wochenschau der SBZ *Der Augenzeuge* Nr. 30, 1946, heißt es, dass pro Quartal für ganz Berlin nur 3000 Quadratmeter Dachfläche eingedeckt werden konnten.

[30] Vgl. die Amtliche Verlautbarung über die Berliner Konferenz der drei Mächte (Potsdamer Konferenz), 2.8.1945, in: Steininger: *Deutsche Geschichte 1945–1961*, Bd. 1, S. 81 f.

[31] Berger/Müller (Hrsg.), *Lebenssituationen 1945–1948*, S. 127.

[32] Opitz, Eckard: »Die Bodenreform in der britischen Besatzungszone unter besonderer Berücksichtigung Schleswig-Holsteins«, in: *Kolloquium* Bd. 15, Lauenburgische Akademie für Wissenschaft und Kultur, Mölln 2004; vgl. auch Grube/Richter, *Die Schwarzmarktzeit*, S. 101.

[33] Berger/Müller (Hrsg.), *Lebenssituationen 1945–1948*, S. 128.

[34] Schmidt (Hrsg.), *Rote Rüben auf dem Olivaer Platz*, S. 18 ff.

[35] Ebd. S. 234.

[36] Ebd.

[37] *Unser Jahrhundert im Bild*, Gütersloh 1964, S. 601; vgl. auch Grube/Richter, *Die Schwarzmarktzeit*, S. 131

[38] Vgl. Gries, *Die Rationen-Gesellschaft*, S. 108.

[39] DEFA-Wochenschau der SBZ *Der Augenzeuge* Nr. 58, 1947.

[40] Vgl. Trittel, Günter J.: »Bodenreform«, in: Benz (Hrsg.), *Deutschland unter alliierter Besatzung*, S. 106.

41 DEFA-Wochenschau, *Der Augenzeuge* Nr. 31, 1946.

42 Karlsch, Rainer: »Kohle, Chaos und Kartoffeln«, in: Engert (Hrsg.), *Die wirren Jahre*, S. 102.

43 Willenborg, »Überleben nach dem Zusammenbruch«, S. 195.

44 Lenz, Siegfried: *Lehmanns Erzählungen oder So schön war mein Markt*, S. 56 ff.

45 Grube/Richter, *Die Schwarzmarktzeit*, S. 113.

46 Schmidt (Hrsg.), *Rote Rüben auf dem Olivaer Platz*, S. 198.

47 Lenz, *Lehmanns Erzählungen*, S. 24 ff.

48 Grube/Richter: *Die Schwarzmarktzeit*, Einführungstext.

49 Schmidt (Hrsg.), *Rote Rüben auf dem Olivaer Platz*, S. 197.

50 Grube/Richter, *Die Schwarzmarktzeit*, S. 77.

51 Ebd.

52 Ebd.

53 Ebd., S. 81 f.

54 Lenz, *Lehmanns Erzählungen*, S. 25 ff.

55 Clay, Lucius D.: *Entscheidung in Deutschland*, S. 79 ff.; vgl. auch S. 295–313.

56 Zitiert nach Grube/Richter, *Die Schwarzmarktzeit*, S. 83.

57 Radiospot, 1945 ausgestrahlt durch alliierte Militärsender, in: Kleinschmidt, Johannes: *Amerikaner und Deutsche in der Besatzungszeit – Beziehungen und Probleme*, S. 35 ff.

58 Ebd.

59 Ebd.

60 Vgl. im Folgenden: Schmitz, Stefan: »Von Siegern und Besiegten«, *Stern*, Heft 11/2005.

61 Gelfand, Wladimir: *Deutschland-Tagebuch 1945–1946*.

62 Grube/Richter, *Die Schwarzmarktzeit*, S. 152.

63 Kleinschmidt, *Amerikaner und Deutsche in der Besatzungszeit*, S. 37.

64 Zitiert nach: Bulitta, Erich und Hildegard: *Nachkriegsjahre 1945–1949*, S. 26; vgl. auch Bahnsen, Uwe: »Hamburg 1945, Kohlenklau und 1200 Kalorien am Tag«, *Hamburger Abendblatt*, 8. 12. 2004.

65 Berger/Müller (Hrsg.), *Lebenssituationen 1945–1948*, S. 26.

66 Vgl. Gries, *Die Rationen-Gesellschaft*, S. 202 ff.

67 Stolle, Erna: »Ein Stück Papier«, in: Kleindienst, *Also packten wir es an*, S. 257–260.

68 Hoffend, Andrea: *Frauen und die Stunde Null*, S. 149.

69 Grube/Richter, *Die Schwarzmarktzeit*, S. 153.

70 Dörffel, Elisabeth: »Kinder suchen ihre Eltern«, in: Kleindienst, *Also packten wir es an*, S. 273–282.

71 Ebd.

72 Berger/Müller, *Lebenssituationen 1945–1948*, S. 74.

73 Akten zur Vorgeschichte der BRD 1945–1949, S. 1073.

74 Berger/Müller, *Lebenssituationen 1945–1948*, S. 98.

75 Akten zur Vorgeschichte der BRD, S. 1080.

76 Ebd. 1077 ff.

77 Ebd.

78 Vgl. Benz, *Deutschland 1945–1949*.

79 Ebd.

80 Steininger, *Deutsche Geschichte 1945–1961*, S. 167.

81 Willenborg, »Von Morgenthau zu Marshallplan«, S. 221.

82 Berger/Müller, *Lebenssituationen 1945–1948*, S. 99.

83 Schmidt, *Rote Rüben auf dem Olivaer Platz*, S. 229 ff.

84 Reichardt, Sven/Zierenberg, Malte: *Damals nach dem Krieg*, S. 100.

85 Schmidt, *Rote Rüben auf dem Olivaer Platz*, S. 229 ff.

[86] Köhler, Rosemarie: *Brennesselsuppe und Rosinenbomber*, S. 55 ff.

[87] Grube/Richter, *Die Schwarzmarktzeit*, S. 99 ff.

[88] Köhler, *Brennesselsuppe und Rosinenbomber*, S. 215.

[89] Ebd. S. 7.

[90] Akten zur Vorgeschichte der BRD 1945–1949, S. 576.

[91] Gries, *Die Rationen-Gesellschaft*, S. 293.

[92] Ebd., S. 162.

[93] Ebd., S. 324 f.

[94] Vgl.: Schlange-Schöningen, Hans (Hrsg.): *Im Schatten des Hungers*, S. 114 ff.

[95] Ebd., S. 115 ff.

[96] Ebd.

[97] Ebd., S. 113.

[98] Berger/Müller (Hrsg.), *Lebenssituationen 1945–1948*, S. 96.

[99] Ebd., S. 116.

[100] Ebd.

[101] Ebd.

[102] Ebd., S. 76.

[103] Ebd., S. 95.

[104] Grube/Richter, *Die Schwarzmarktzeit*, S. 111 ff.

[105] Berger/Müller (Hrsg.), *Lebenssituationen 1945–1948*, S. 77.

[106] Ebd.

[107] Schlange-Schöningen (Hrsg.), *Im Schatten des Hungers*, S. 120.

[108] Ebd.

[109] Vgl. Schmidt (Hrsg.), *Rote Rüben auf dem Olivaer Platz*, S. 213 ff.

[110] Schwarz, Eugen Georg: »Krise nach dem Untergang«, *Focus* Heft 11, 2006.

[111] Groissmayer, Fritz Bela: »Die große säkulare Klimawende um 1940 und das Katastrophenjahr 1947 in Zentraleuropa«.

[112] Schmidt, *Rote Rüben auf dem Olivaer Platz*, S. 245–250.

[113] Ebd. S. 33.

[114] Ebd. S. 244.

[115] Ebd.

[116] Vgl. *Die Zeit*, Nr. 20, 14. 05. 1947; Klebert, Ulf: »Die Entwicklung Wuppertals vom Frühjahr 1945 bis Sommer 1948«.

[117] Berger/Müller, *Lebenssituationen 1945–1948*, S. 78

[118] Ebd.

[119] *Geschichtliche Weltkunde*, Bd. 3, München 1979, S. 280 ff.; vgl. auch: Schlange-Schöningen, *Im Schatten des Hungers*, S. 125 ff.

[120] *Geschichtliche Weltkunde*, Bd. 3, S. 280 ff.

[121] Gries, *Die Rationen-Gesellschaft*, S. 315.

[122] Zitiert nach Schlange-Schöningen, *Im Schatten des Hungers*, S. 118–122.

[123] Akten zur Vorgeschichte der BRD 1945–1949, Bd. 2, S. 15.

[124] Ebd. S. 16.

[125] Ebd.

[126] Vgl. www.regionalgeschichte.net/hauptportal/bibliothek/texte/aufsaetze/rothenberger-hungerjahre.html

[127] Vgl. auch im Folgenden www.kreis-ahrweiler.de/kvar/VT/hjb2002/hjb2002.49.htm.

[128] Grube/Richter, *Die Schwarzmarktzeit*, S. 185; vgl. auch Benz, »Währungsreform«, in: ders. (Hrsg.), *Deutschland unter alliierter Besatzung*, S. 199 ff.

[129] CWM – Council for World Mission, eine wohltätige Or-

ganisation, die unter der Firmung Commonwealth Mission Society weltweit neben Missionarsarbeit auch soziale Hilfsprojekte unterstützte.

Literatur

Akten zur Vorgeschichte der BRD 1945–1949, 2 Bde., hrsg. vom Bundesarchiv, München/Wien 1979

Benz, Wolfgang (Hrsg.): *Deutschland unter alliierter Besatzung 1945–1949/55*, Berlin 1999

Benz, Wolfgang: *Deutschland 1945–1949.* Informationen zur politischen Bildung, Heft 259

Benz, Wolfgang: *Potsdam 1945. Besatzungsherrschaft und Neuaufbau im Vier-Zonen-Deutschland*, München 1986

Berger, Thomas/Müller, Karl-Heinz (Hrsg.): *Lebenssituationen 1945–1948.* Materialien zum Alltagsleben in den westlichen Besatzungszonen 1945–1948, Hannover 1983

Bulitta, Erich und Hildegard: *Nachkriegsjahre 1945–1949.* Materialien zur Friedenserziehung, München 2006

Chronik 1946. Tag für Tag in Wort und Bild, Dortmund 1988

Chronik 1947. Tag für Tag in Wort und Bild, Dortmund 1986

Clay, Lucius, D.: *Entscheidung in Deutschland*, Frankfurt a. M. 1950

Engert, Jürgen: *Die wirren Jahre. Deutsch land 1945–1948*, Berlin 1996

Franzen, K. Erik: *Die Vertriebenen. Hitlers letzte Opfer*, Berlin 2001

Gelfand, Wladimir: *Deutschland-Tagebuch 1945–1946. Aufzeichnungen eines Rotarmisten,* Berlin 2005
Geschichtliche Weltkunde, Bd. 3, Frankfurt a. M. 1979
Gries, Rainer: *Die Rationen-Gesellschaft. Versorgungskampf und Vergleichsmentalität. Leipzig, München und Köln nach dem Kriege*, Münster 1991
Grube, Frank/Richter, Gerhard: *Die Schwarzmarktzeit, Deutschland zwischen 1945 und 1948*, Hamburg 1979
Habe, Hans: *Off Limits*. Roman, München 1955
Käppner, Joachim/Probst, Robert (Hrsg.): *Befreit. Besetzt. Geteilt. Deutschland 1945–1949*, München 2006
Kleindienst, Jürgen (Hrsg.): *Also packten wir es an. Deutschland 1945–1947, 43 Geschichten und Berichte von Zeitzeugen*, Berlin 2006
Kleinschmidt, Johannes: *Amerikaner und Deutsche in der Besatzungszeit – Beziehungen und Probleme.* Dokumentation des Symposiums vom 11.10.1996 im Stuttgarter Rathaus, Haus der Geschichte, Bonn 1996
Köhler, Rosemarie: *Brennesselsuppe und Rosinenbomber. Das Berliner Notkochbuch, Rezepte, Erfahrungen und Hintergründe 1945–1949*, Frankfurt a. M. 1999
Lenz, Siegfried: *Lehmanns Erzählungen oder So schön war mein Markt. Aus den Bekenntnissen eines Schwarzhändlers,* Hamburg 1964
Meteorologisches Amt für Nordwestdeutschland (Hrsg.): *Hamburg. Tägliche Wetterberichte, Sept.–Dez. 1946/Jan.–Apr. 1947*
Opitz, Eckard: »Die Bodenreform in der britischen Besatzungszone unter besonderer Berücksichtigung Schleswig-Holsteins«, in: ders. (Hrsg.): *Nachkriegsgeschichte im Kreis Herzogtum Lauenburg und in den Nachbarregionen*, Kol-

loquium XV der Lauenburgischen Akademie für Wissenschaft und Kultur, Mölln 2004

Reichardt, Sven/Zierenberg, Malte: *Damals nach dem Krieg. Eine Geschichte Deutschlands 1945–1949*, München 2008

Schlange-Schöningen, Hans (Hrsg.): *Im Schatten des Hungers. Dokumentarisches zur Ernährungspolitik und Ernährungswirtschaft in den Jahren 1945–1949*, Hamburg/Berlin 1955

Schmidt, Jürgen (Hrsg.): *Rote Rüben auf dem Olivaer Platz. Quellen zur Ernährungskrise in der Nachkriegszeit Berlins 1945–1949*, Berlin 2008

Steininger, Rolf: *Deutsche Geschichte 1945–1961.* Darstellung und Dokumente in zwei Bänden, Frankfurt a. M. 1983

Stolper, Gustav: *German realities. A guide to the future peace of Europe*, New York 1948

Terpitz, Werner: *Wege aus dem Osten. Flucht und Vertreibung einer ostpreußischen Pfarrersfamilie,* München 1997

Unser Jahrhundert im Bild, Gütersloh 1964

Weber, Jürgen (Hrsg.): *Geschichte der Bundesrepublik Deutschland*, 2 Bde., Paderborn 1979

Zeitschriften/Online-Seiten

Bahnsen, Uwe: »Hamburg 1945. Kohlenklau und 1200 Kalorien am Tag«, *Hamburger Abendblatt,* 8. Dez. 2004

Bundeszentrale für politische Bildung, »Infrastruktur und Gesellschaft im zerstörten Deutschland«, www1.bpb.de/themen/PYOZF1,0,0,Infrastruktur_und_Gesellschaft_im_zerst%F6rten_Deutschland.html

Doettinchem, Lorenz-Wolf: »Mythos ›Stunde Null‹: Nicht alle fingen mit nichts an«, *Stern,* Heft 12/2005

Groissmayer, Fritz Bela: »Die große säkulare Klimawende um 1940 und das Katastrophenjahr 1947 in Zentraleuropa«, *Berichte des Deutschen Wetterdienstes in der US-Zone*, Nr. 10, Bad Kissingen 1949

Hoffend, Dr. Andrea: »Frauen und die Stunde Null. Frauenalltag bei Kriegsende und in der Nachkriegszeit«, Online-Texte der Ev. Akademie Bad Boll, Tagung 15.–17. April 2005

Klebert, Ulf: »Die Entwicklung Wuppertals vom Frühjahr 1945 bis Sommer 1948«, Vortrag, Förderverein Historisches Zentrum Wuppertal, 2006, http://www.fv-historisches-zentrum-wuppertal.de/download/Vortrag_Ulf_Klebert_20060307.pdf

Schmitz, Stefan: »Von Siegern und Besiegten«, *Stern,* Heft 11/2005

Schwarz, Eugen Georg: »Krise nach dem Untergang«, *Focus* Nr. 11, 2006

Die Zeit, Nr. 20 vom 14.05.1947 (ohne Autorenangabe)

www.deutschegeschichten.de/zeitraum/themaindex.asp?KategorieID=1004&InhaltID=1584&Seite=1

www.kreis-ahrweiler.de/kvar/VT/hjb2002/hjb2002.49.htm

www.regionalgeschichte.net/hauptportal/bibliothek/texte/aufsaetze/rothenberger-hungerjahre.html

Historische Wochenschauen

DEFA-Wochenschau der SBZ *Der Augenzeuge* Nr. 30, 1946

DEFA-Wochenschau der SBZ *Der Augenzeuge* Nr. 58, 1947

Bildnachweis

akg images: 1 und 4 (Tony Vaccaro); 5, 6, 19, 20
bpk: 9, 11; 12 (Umbo/Otto Umbehr); 13 und 31 (Germin); 25 (Walter Dick); 26 (Herbert Hensky); 33
Bundesarchiv: 15
Getty Images: 2 (Fred Ramage)
privat: 3, 8, 10, 14, 16, 18, 32
SZ Photo: 7
ullstein bild: 17, 21-24, 27-30

Danksagung

Für die freundliche Unterstützung danken wir dem Deutschen Wetterdienst, der ZeitzeugenBörse Hamburg, Herrn Peters vom Seewetteramt Hamburg, Gordian Maugg senior, Albrecht Sauternes und vor allem unseren Familien für die Geduld und Hilfe.

Ingeborg Jacobs
Freiwild

Das Schicksal deutscher Frauen 1945

232 Seiten mit 16 Seiten s/w-Abbildungen
Gebunden mit Schutzumschlag
ISBN 978-3-549-07352-0

Als die Rote Armee 1945 zum Endsieg über Hitlers Reich antrat, waren die Frauen Freiwild der russischen Soldaten. Mehr als hunderttausend Frauen und Mädchen wurden allein in Berlin vergewaltigt, insgesamt waren es annähernd zwei Millionen. Viele starben an den ihnen zugefügten Qualen, andere begingen Selbstmord. Die, die überlebten, gingen durch die Hölle, waren traumatisiert und stigmatisiert. Die Autorin hat zahlreiche Interviews mit Betroffenen geführt und liefert erstmals ein Gesamtbild jenes schrecklichen Geschehens, eines der großen Tabus der deutschen Nachkriegsgesellschaft.

»Einblick in ein Trauma, das bis heute nicht bewältigt ist.«
DIE WELT

»Beklemmend und eindrucksvoll.«
HANNOVERSCHE ALLGEMEINE ZEITUNG

Uta Gerhardt und Thomas Karlauf (Hrsg.)
Nie mehr zurück in dieses Land

Augenzeugen berichten über die Novemberpogrome 1938

368 Seiten
Gebunden mit Schutzumschlag
ISBN 978-3-549-07361-2

Unbekannte Augenzeugenberichte der Novemberpogrome 1938. Erst heute, siebzig Jahre später, sind diese erschütternden Dokumente wieder ans Tageslicht gelangt. Sie waren 1939/40 im Rahmen eines Aufrufs der Universität Harvard gesammelt worden. Mehr als 250 Emigranten beteiligten sich damals und erzählten von dem Terror der Nazis, vor dem sie in die USA geflohen waren. Sorgfältig ediert und kommentiert durch die Herausgeber, mit einem Vorwort von Saul Friedländer versehen, wird hier erstmals eine Auswahl zugänglich gemacht. Ein in seiner Unmittelbarkeit und Authentizität einmaliges Zeitzeugnis.

»Diesen Berichten wohnt eine eigene Bitterkeit inne, die auf sprachlos machende Weise das bedrohliche und angsterfüllte Klima heraufbeschwört, das den Alltag der Juden im Dritten Reich in jenen Novembertagen bestimmte.«

Saul Friedländer in seinem Vorwort

Kai Bird und Martin J. Sherwin
J. Robert Oppenheimer

Die Biographie

672 Seiten mit 32 Seiten s/w-Abbildungen
Gebunden mit Schutzumschlag
ISBN 978-3-549-07358-2

J. Robert Oppenheimer, der »Vater der Atombombe«, zählt zu den schillerndsten Figuren der jüngeren Zeitgeschichte. Für ihre glänzende Biographie des amerikanischen Physikers deutsch-jüdischer Abstammung erhielten der Journalist Kai Bird und der Historiker Martin J. Sherwin den begehrten Pulitzer-Preis. Exemplarisch lassen sie das Drama eines Forschers lebendig werden, der sich zwischen Erkenntnisdrang und ethischer Verantwortung entscheiden muss.

»Eine brillante Biografie ... ein aufwühlendes Werk. Die Biografie, ausgezeichnet mit dem Pulitzer-Preis, erkundet nicht nur den Menschen Oppenheimer, sondern macht auch eine Zeit wieder lebendig, in der die Physik zur bestimmenden Disziplin des 20. Jahrhunderts wurde und in der sich Wissenschaft und Politik unheilvoll kreuzten.«
DER SPIEGEL

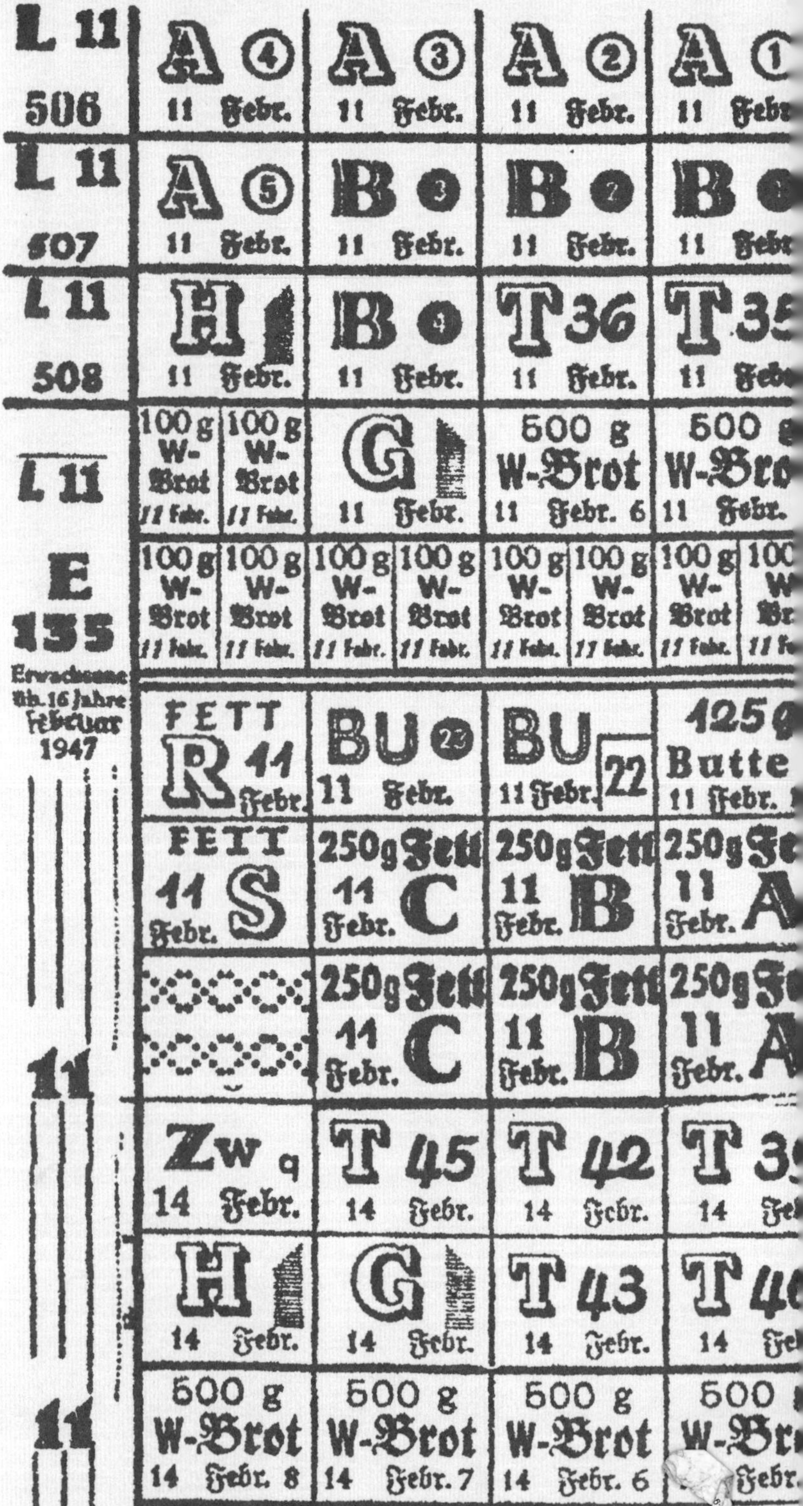

L 11 506	A ④ 11 Febr.	A ③ 11 Febr.	A ② 11 Febr.	A ① 11 Febr.
L 11 507	A ⑤ 11 Febr.	B 3 11 Febr.	B 2 11 Febr.	B [illegible] 11 Febr.
L 11 508	H 11 Febr.	B 4 11 Febr.	T 36 11 Febr.	T 35 11 Febr.
L 11	100 g W-Brot 11 Febr. / 100 g W-Brot 11 Febr.	G 11 Febr.	500 g W-Brot 11 Febr. 6	500 g W-Brot 11 Febr.
E 135	100 g W-Brot 11 Febr. / 100 g W-Brot 11 Febr.	100 g W-Brot 11 Febr. / 100 g W-Brot 11 Febr.	100 g W-Brot 11 Febr. / 100 g W-Brot 11 Febr.	100 g W-Brot 11 Febr. / 100 g W-Brot 11 Febr.
Erwachsene üb. 16 Jahre Februar 1947	FETT R 11 Febr.	BU 23 11 Febr.	BU 22 11 Febr.	125 g Butter 11 Febr.
	FETT 11 S Febr.	250g Fett 11 Febr. C	250g Fett 11 Febr. B	250g Fett 11 Febr. A
11		250g Fett 11 Febr. C	250g Fett 11 Febr. B	250g Fett 11 Febr. A
	Zw 9 14 Febr.	T 45 14 Febr.	T 42 14 Febr.	T 39 14 Febr.
	H 14 Febr.	G 14 Febr.	T 43 14 Febr.	T 40 14 Febr.
11	500 g W-Brot 14 Febr. 8	500 g W-Brot 14 Febr. 7	500 g W-Brot 14 Febr. 6	500 g W-Brot Febr.